APRENDIZAGEM PELOS "FAZERES-SENTIDOS"
AS PRÁTICAS COTIDIANAS DAS CRIANÇAS PATAXÓ

Editora Appris Ltda.
1.ª Edição - Copyright© 2024 dos autores
Direitos de Edição Reservados à Editora Appris Ltda.

Nenhuma parte desta obra poderá ser utilizada indevidamente, sem estar de acordo com a Lei nº 9.610/98. Se incorreções forem encontradas, serão de exclusiva responsabilidade de seus organizadores. Foi realizado o Depósito Legal na Fundação Biblioteca Nacional, de acordo com as Leis nºs 10.994, de 14/12/2004, e 12.192, de 14/01/2010.

Catalogação na Fonte
Elaborado por: Josefina A. S. Guedes
Bibliotecária CRB 9/870

C672a
2024
	Coelho, Luciano Silveira
	    Aprendizagem pelos "fazeres-sentidos": as práticas cotidianas das crianças pataxó / Luciano Silveira Coelho. – 1. ed. – Curitiba: Appris, 2024.
	    149 p. ; 23 cm. – (Educação, tecnologias e transdisciplinaridade).
	
	    Inclui referências.
	    ISBN 978-65-250-5767-5
	
	    1. Crianças indígenas – Educação. 2. Infância. 3. Índios Pataxó. 4. Cultura. 5. Aprendizagem. I. Título. II. Série.
	
	                                                                     CDD – 371.829

Livro de acordo com a normalização técnica da ABNT

Appris editora

Editora e Livraria Appris Ltda.
Av. Manoel Ribas, 2265 – Mercês
Curitiba/PR – CEP: 80810-002
Tel. (41) 3156 - 4731
www.editoraappris.com.br

Printed in Brazil
Impresso no Brasil

Luciano Silveira Coelho

APRENDIZAGEM PELOS "FAZERES-SENTIDOS"
AS PRÁTICAS COTIDIANAS DAS CRIANÇAS PATAXÓ

FICHA TÉCNICA

EDITORIAL
Augusto Coelho
Sara C. de Andrade Coelho

COMITÊ EDITORIAL
Marli Caetano
Andréa Barbosa Gouveia - UFPR
Edmeire C. Pereira - UFPR
Iraneide da Silva - UFC
Jacques de Lima Ferreira - UP

SUPERVISOR DA PRODUÇÃO
Renata Cristina Lopes Miccelli

PRODUÇÃO EDITORIAL
Miriam Gomes

REVISÃO
Josiana Araújo Akamine

DIAGRAMAÇÃO
Andrezza Libel

CAPA
Lucielli Trevizan

COMITÊ CIENTÍFICO DA COLEÇÃO EDUCAÇÃO, TECNOLOGIAS E TRANSDISCIPLINARIDADE

DIREÇÃO CIENTÍFICA Dr.ª Marilda A. Behrens (PUCPR)

Dr.ª Patrícia L. Torres (PUCPR)

CONSULTORES Dr.ª Ademilde Silveira Sartori (Udesc)

Dr.ª Iara Cordeiro de Melo Franco (PUC Minas)

Dr. Ángel H. Facundo
(Univ. Externado de Colômbia)

Dr. João Augusto Mattar Neto (PUC-SP)

Dr.ª Ariana Maria de Almeida Matos Cosme
(Universidade do Porto/Portugal)

Dr. José Manuel Moran Costas
(Universidade Anhembi Morumbi)

Dr. Artieres Estevão Romeiro
(Universidade Técnica Particular de Loja-Equador)

Dr.ª Lúcia Amante (Univ. Aberta-Portugal)

Dr. Bento Duarte da Silva
(Universidade do Minho/Portugal)

Dr.ª Lucia Maria Martins Giraffa (PUCRS)

Dr. Claudio Rama (Univ. de la Empresa-Uruguai)

Dr. Marco Antonio da Silva (Uerj)

Dr.ª Cristiane de Oliveira Busato Smith
(Arizona State University /EUA)

Dr.ª Maria Altina da Silva Ramos
(Universidade do Minho-Portugal)

Dr.ª Dulce Márcia Cruz (Ufsc)

Dr.ª Maria Joana Mader Joaquim (HC-UFPR)

Dr.ª Edméa Santos (Uerj)

Dr. Reginaldo Rodrigues da Costa (PUCPR)

Dr.ª Eliane Schlemmer (Unisinos)

Dr. Ricardo Antunes de Sá (UFPR)

Dr.ª Ercilia Maria Angeli Teixeira de Paula (UEM)

Dr.ª Romilda Teodora Ens (PUCPR)

Dr.ª Evelise Maria Labatut Portilho (PUCPR)

Dr. Rui Trindade (Univ. do Porto-Portugal)

Dr.ª Evelyn de Almeida Orlando (PUCPR)

Dr.ª Sonia Ana Charchut Leszczynski (UTFPR)

Dr. Francisco Antonio Pereira Fialho (Ufsc)

Dr.ª Vani Moreira Kenski (USP)

Dr.ª Fabiane Oliveira (PUCPR)

À minha mãe, Cirlene Jussara Silveira Coelho (in memoriam),
ao meu pai, João Coelho Perpétuo,
à minha irmã, Danielle Silveira Coelho,
à minha esposa, Camila Almeida de Paula Batista,
à minha filha, Maria Júlia Batista Coelho (Maju),
amores incondicionais.

AGRADECIMENTOS

Agradeço aos meus familiares e amigos:

Aos meus pais, João e Jussara, e à minha irmã, Dani, pelo amor e apoio incondicionais em todos os momentos de minha vida. À Camila e à Maju, pela plenitude de nosso amor.

Aos meus tios, Eustáquio e Celma, que sempre me acolheram quando mais precisei.

Aos meus professores e colegas:

Aos orientadores desta pesquisa, Prof. Dr. José Alfredo Oliveira Debortoli e Prof.ª Dr.ª Eliene Lopes Faria, que compartilharam as alegrias e as angústias nesse caminho de pesquisa, além da sabedoria e atenção incomensuráveis. Aos professores que contribuíram para avaliação e qualificação deste trabalho, Prof.ª Dr.ª Ana Maria Rabelo Gomes, Prof.ª Dr.ª Antonella Maria Imperatriz Tassinari e o Prof. Dr. Carlos Emanuel Sautchuk. Ao meu amigo, Felipe Silvério, que me apresentou aos sujeitos e ao contexto desta pesquisa.

Aos amigos pataxó:

À minha amiga Amaynara, por me apresentar à sua belíssima aldeia e exercer o importante papel de anfitriã durante minha inserção em campo. Aos caciques Mezake e Xé, pela confiança e apoio em mim depositados. Aos casais, Zeca e Nenzinha, Carlinhos e Lauzinha, por me receberem carinhosamente em suas casas durante a minha estada em campo.

À toda comunidade Pataxó, em especial às crianças, que me proporcionaram experiências de vida singulares que jamais se perderão em minha memória.

PREFÁCIO

Um olhar delicado para as crianças e suas aprendizagens nas relações cotidianas do Povo Pataxó

Com grande força, sensibilidade e abertura aos saberes e práticas das crianças, e ao cotidiano do povo Pataxó, Luciano Silveira Coelho compartilha-nos sua rica experiência de pesquisa e vida com a publicação de seu livro *Aprendizagem pelos "fazeres-sentidos": as práticas cotidianas das crianças pataxó*. O autor, ao longo do texto, nos convida a um olhar atento e delicado para as crianças e suas aprendizagens, em suas relações cotidianas com os adultos, constituídas em e como experiências culturais. Propõe, assim, nos apresentar sua aproximação e envolvimento com os processos e com as aprendizagens cotidianas, que se revelam como o próprio processo de tornar-se meninas e meninos *Pataxó*.

Em um diálogo tanto teórico quanto empírico, de forma organizada e fundamentada, entrelaça os campos da Educação e da Antropologia, da Educação Física e do Lazer, propondo uma ênfase sobre o tema da Aprendizagem, dando centralidade às relações entre os saberes, e mesmo a escola, e a prática social, reivindicando atenção ao movimento; ao corpo; à totalidade da vida, indagando alternativas a abordagens que objetificam tanto a natureza quanto a cultura, requerendo focar o tema da Aprendizagem, relacionando engajamento prático ao cotidiano, na produção dos sentidos gerados na e como experiência social.

Além de estudos importantes da Sociologia da Infância e da Antropologia da Criança, lança mão de abordagens e conceitos ancorados na antropóloga Jean Lave e no antropólogo Tim Ingold, movendo-se em direção a contextos de relações sociais de aprendizagem em que se revelam diferentes processos e modos de organização da vida social. Emergem em suas descrições processos identitários, habilidades, modos de ser, de viver e de tornar-se *Pataxó*.

No trabalho de campo, sua compreensão de infâncias concretas emerge de seu envolvimento com o cotidiano do povo *"Pataxó do Guarani"*, na cidade de Carmésia. No roçado, na pesca, na colheita; nas tarefas domésticas e no artesanato; nas brincadeiras e no futebol; nas relações com os animais, com a floresta, com o rio, no tempo, espaço e ritmo da vida cotidianas, nos possibilita acompanhar sua convivência com as crianças, meninas e meninos, e adultos, em diferentes tempos e práticas sociais.

Nesse rico contexto de práticas sociais, as crianças aprendem o manejo de instrumentos, as técnicas, a confecção de objetos, a atenção motora e sensorial cuidadosa ao mundo, sem perder sua "riqueza lúdica" que, para além das brincadeiras, estão diretamente ligadas às práticas presentes na aldeia, que lhes possibilitam apropriar de uma complexa trama de atividades que compõem a vida desse povo, abrindo caminho para a participação cada vez mais ampliada nas relações sociais.

Assim, desde o início da leitura, vamos sendo provocados a compreender que o conhecimento e a aprendizagem são indissociáveis da possibilidade de sua realização na vida social, das formas de participação, o que põe em relevo nossa condição social/corporal, como participantes da vida coletiva. Aprendizagens coletivas porque históricas, porque cotidianas, porque emergem dos envolvimentos e das respostas aos desafios práticos da vida cotidiana. Conhecimento que reclama ser exercido, experimentado, provado como sabor e saber.

Observa-se, assim, uma centralidade relacional das crianças na vida cotidiana, onde estão envolvidas legitimamente na produção de grande parte das relações sociais de seu contexto de vida. Percebe-se que na relação entre crianças e adultos saberes e identidades vão sendo compartilhados como habilidades, tempos e espaços. E tudo isso nos provoca questionar a própria noção de conhecimento, cuja qualidade não é de ordem cognitiva, mas relacional. Aprender, com esse sentido, é indissociável dos processos pelos quais os conhecimentos se realizam. Não está em uma única pessoa, mas nas relações coletivas, cotidianas compartilhadas.

Do ponto de vista da Educação, essa abordagem das experiências de infância e do cotidiano do povo *Pataxó* nos desafia ao estranhamento de relações que tornamos absolutamente comuns em nossos contextos educativos das escolas. Ao enfatizar sua atenção à diversidade das experiências culturais, Luciano Coelho nos leva a indagar outros sentidos da formação humana, onde se torna absolutamente fundamental desvelar aspectos das práticas em que se evidenciam relações de aprendizagem, necessariamente articuladas aos modos de organização e participação na vida social.

As experiências de envolvimento com as crianças *Pataxó* apresentadas também explicitam processos que desafiam a lógica de uma forma escolar, muitas vezes distante dos conhecimentos e das práticas culturais que crianças e adultos compartilham no cotidiano da aldeia Guarani, atravessada por habilidades, oralidades, corporalidades, cantos, ritmos, histórias de vida que se perpetuam pela participação das crianças e dos jovens, que compartilham conhecimentos históricos carregados pela experiência viva dos mais velhos e compartilhada ao longo de uma ritualidade e de uma memória ancestral.

No âmbito dos Estudos do Lazer, aproxima-se de abordagens que têm buscado aprofundar estudos que reclamam a urgência de ir ao encontro de outras relações, indagando caminhos de envolvimento cotidiano que problematizam os modos de ser e viver estritamente urbanos, modernos e pautados na experiência social capitalista como únicas e hegemônicas. Lançando mão de uma *"Opção Decolonial"*, ainda que não explicitada, traz uma postura epistêmica outra, atenta aos saberes e relações sociais, inspirando outras formas de habitar no mundo, outras relações com o tempo e o território, explicitando sobretudo relações que reivindicam os vínculos cotidianos como expressão de uma vida, necessariamente, coletiva.

José Alfredo Oliveira Debortoli
Professor titular da EEFFTO/UFMG

APRESENTAÇÃO

Sabia que a bola tem vida? A vida dela é rolar.
(Miruã Pataxó)

É com grande satisfação que dou boas-vindas a esta nova produção de nosso colega professor e doutor Luciano Silveira Coelho: *Aprendizagem pelos "fazeres-sentidos": as práticas cotidianas das crianças pataxó.*

Inicio esta singela apresentação com algumas questões. O que podemos aprender com as crianças indígenas? O que podemos aprender sobre a forma como elas aprendem? E o que podemos aprender com as sociedades indígenas sobre o lugar e a forma como cuidam e educam suas crianças? Considero que essas perguntas expressam um pouco do trabalho que leremos aqui.

Para dar continuidade à apresentação não posso me esquivar de afirmar o meu envolvimento direto com a temática da infância e especificamente com o universo das infâncias indígenas e de como este estudo representou para mim um momento de grandes descobertas e recompensas. Além do ineditismo que seu trabalho traz, posso também elogiá-lo pela robustez e pelo desafio que se propôs. Nesse sentido, posso afirmar que seu trabalho vem articular dois importantes campos de estudos da pesquisa da Educação, a saber: o campo de estudos sobre as crianças indígenas e o campo de estudos sobre antropologia da aprendizagem. Vejamos os motivos que justificam essa minha afirmação.

Recupero do texto de Luciano um pequeno trecho, um comentário de um dos seus informantes, o menino Miruã, que na época da pesquisa tinha 11 anos de idade. Ao debaterem seriamente sobre uma questão do futebol (algo que deve ser levado a sério em qualquer parte do nosso país, ainda mais numa roda de crianças indígenas!) o motivo que havia levado seu colega Txupa — de 14 anos — a pisar na bola durante uma partida de futebol. De repente, Miruã confidencia ao nosso pesquisador esta pérola: "— Sabia que a bola tem vida? A vida dela é rolar". Pensamentos como esses produzidos pelas crianças trazem o sentimento da existência de outras formas de ver o mundo, muito além da forma ocidental de conceber a realidade, pois se uma bola tem vida, ficamos a pensar qual o papel dela no fato de o nosso jogador não ter tido o seu domínio no momento em que mais precisava. Moral da história: a bola também teve participação na jogada e cobrou sua agência no desenlace da trama.

Como primeiro campo de estudos que o trabalho de Luciano articula, relembro aqui que há pouco menos de 30 anos, em meados de 1990, renomados pesquisadores europeus e norte-americanos da área das ciências sociais chamaram a atenção de pesquisadores de todo o mundo para a necessidade de se pesquisar as crianças e suas infâncias. A obra intitulada *Constructing and Reconstructing Childhood: Contemporany Issues in the Sociological Study of Childhood*, organizada por Allan Prout e Allisson James em um de seus capítulos nos provoca e nos convida a reconceitualizar nossas noções de crianças e infâncias, para dar visibilidade às vozes das crianças no campo científico, considerando-as como atores sociais, merecedoras de estudos e fonte de nossas preocupações. E para a construção desse novo paradigma gostaria de chamar a atenção para dois de seus axiomas. O primeiro deles a mencionar é apresentado da seguinte forma: "as relações sociais das crianças e suas culturas devem ser estudadas em si". O segundo importante axioma apresentado diz: "as crianças são e devem ser estudadas como atores na construção de sua vida social e da vida daqueles que as rodeiam".[1] A infância vista como uma construção social destaca-se na apresentação desse novo paradigma a partir de sua reconceitualização ao tratar não somente de uma, mas da existência de diversas infâncias que coexistem, se sobrepõem e entram em conflito entre si, considerando assim as diferentes culturas e contextos locais de sua produção.

Considero que a melhor resposta dos pesquisadores brasileiros a esse chamado promovido pela Nova Sociologia da Infância veio por meio do lançamento de uma grande obra que inaugurou um novo campo de estudos no Brasil, os estudos sobre as crianças indígenas. Em *Crianças indígenas, ensaios antropológicos*, de 2002, organizada pelas professoras Aracy Lopes da Silva, Angela Nunes e Ana Vera Macedo, foi reunida uma coletânea de estudos desenvolvidos por vários pesquisadores (muitas delas começando sua carreira como Clarice Cohn e Antonella Tassinari, hoje nossas referências na área) constituindo um movimento que inaugurou o campo de estudos sobre antropologia da criança no Brasil, trazendo, dessa forma, contribuições significativas da etnologia indígena brasileira ao debate que ocorria sobre a infância no mundo inteiro. Tais pesquisas promoveram uma verdadeira mudança no olhar dos pesquisadores para com as crianças indígenas, retirando-as de uma participação secundária e

---

[1] JAMES, Allison; PROUT, Alan. *Constructing and reconstructing childhood:* Contemporary issues in the sociological study of childhood. Abingdon: Routledge, 2003.

passiva, de uma presença apenas ilustrativa nas pesquisas para uma maior centralidade na vida da aldeia. Melhor, tais estudos deram visibilidade a uma percepção da condição das crianças em seus próprios grupos. Nesse sentido, as contribuições de autores no campo da antropologia da criança atestavam as especificidades da vida das crianças em sociedades indígenas no Brasil, principalmente no que diz respeito ao lugar e ao sentido que cada sociedade atribui à criança, na especificidade de cada cultura constituir sua pessoa, as idades socialmente definidas e das etapas e ciclos de vida, aos processos de socialização, transmissão de conhecimentos e aprendizagens. Destacavam-se, nesses estudos, os cuidados dispensados na produção de corpos saudáveis, o reconhecimento por parte das sociedades indígenas da autonomia e das habilidades de suas crianças, do seu papel como mediadoras de entidades cosmológicas e na organização social do grupo[2].

Nesse sentido, o trabalho desenvolvido por Luciano é consequência direta e fruto desse movimento inaugurado por esses pesquisadores anteriormente citados. Trata-se de um registro das experiências e do cotidiano da infância vivida pelas crianças indígenas Pataxó em Minas Gerais. Os Pataxó da Aldeia Guarani da cidade de Carmésia é o grupo mais antigo fora de seu território tradicional localizado na Bahia. Como as crianças Pataxó aprendem seus afazeres cotidianos? Quais papéis elas assumem na aldeia? Por onde elas circulam? Respondendo a essas perguntas iniciais, assistimos por meio da etnografia cuidadosamente desenvolvida o desenrolar da vida e do aprendizado das crianças Pataxó a partir do seu engajamento e participação em várias atividades coletivas do grupo (entendidas como práticas sociais) como a caça, o trabalho agrícola, a produção e venda do artesanato, as tarefas domésticas, o futebol e, por fim, mas não menos importante, as suas brincadeiras.

Para dar conta dessa tarefa fazemos aqui referência ao segundo campo de estudos ao qual Luciano articula em seu estudo, o campo da antropologia da aprendizagem. Seu trabalho traz como ideia central a definição da aprendizagem como um processo social. Para isso, faz referência direta a três autores importantes a sua pesquisa e seus respectivos constructos teóricos cujos quais utiliza em suas análises de campo. Os dois primeiros são Jean Lave e Etiene Wenger para o conceito de aprendizagem situada, e o terceiro autor Tim Ingold para os conceitos de educação da atenção e

---

[2] TASSINARI, Antonella. Concepções indígenas de infância no Brasil. *Tellus*, Campo Grande, p. 11-25, 2007.

habilidade. Na aprendizagem situada, explora-se o caráter social e histórico das aprendizagens humanas, definindo, assim, o que aprendemos como fruto de um processo de envolvimento e participação em diversas práticas sociais cotidianas. O conceito de participação periférica legitimada nos auxilia a melhor compreender a participação e o engajamento dos aprendizes (e neste estudo as crianças são vistas como aprendizes) nas práticas sociais. No conceito de habilidade, desenvolvido por Ingold, destaca-se o conhecimento como habilidade constituída a partir de um processo simbiótico que ocorre entre nosso organismo e o ambiente. Por meio de nossas ações, resultado de nossa agência perceptiva, nos habilitamos no aprendizado de determinados conhecimentos, norteados por uma educação da atenção. Vale a pena ressaltar esse último autor, pois, a partir dos estudos de Ingold, ressignificamos noções como o papel e o lugar da observação e da imitação na aprendizagem, habilidades tão presentes nas descrições dos estudos anteriores sobre a educação dos povos indígenas; todavia, num movimento que vai além da sua visão como mera reprodução daquilo que se pode ver o outro fazer. "Observar significa perceber ativamente os movimentos do outro e imitar é alinhar essa percepção à sua própria execução prática em consonância com ambiente", cita Luciano a obra de Ingold.

Lembremos aqui que esse segundo grupo de autores e campo de pesquisa renderam bons frutos e tornaram-se referência para estudos sobre antropologia da aprendizagem, sobretudo dentro da UFMG. Nesse sentido, faço referência tanto ao trabalho ocorrido dentro da Faculdade de Educação, por meio do grupo de estudos e das pesquisas de mestrado e doutorado, artigos e dossiês orientados pela professora Ana Maria Rabelo Gomes (e eu me incluo nessa lista como um de seus orientandos) no Programa de Pós-Graduação em Educação, seja no campo dos estudos do Lazer pelo trabalho desenvolvido pelo professor José Alfredo Debortoli e Eliene Lopes Faria, orientadores do trabalho de pesquisa de Luciano e que também participaram dessas ações. Essa é uma história que ainda precisamos escrever com mais detalhes e amplitude. Por ter feito parte desse grupo e conhecer de perto os atores envolvidos nesta obra não pude deixar de perceber o esmero e a depuração do trabalho de seus orientadores no trabalho de Luciano que também vinham se dedicando o estudo a temas correlatos, seja a estudos da infância, seja a pesquisa de práticas sociais como o futebol ou o aprendizado de artistas de circo tendo a etnografia e a antropologia da aprendizagem como eixo comum nos trabalhos.

E a vida segue, como se a fala de nosso filósofo Miruã (*Sabia que a bola tem vida? A vida dela é rolar*) fosse um pensamento para ser guardado como um tesouro, assim como outros mistérios da vida das crianças Pataxó. Boas leituras!

Rogério Correia da Silva

Professor associado da FAE/UFMG

SUMÁRIO

1

INTRODUÇÃO..21
1.1 INFÂNCIA(S) INDÍGENA(S) 22
1.2 PERCURSOS E ESCOLHAS TEÓRICAS 26
    1.2.1 Aprendizagem situada 26
    1.2.2 A percepção do ambiente 29
1.3 APRESENTANDO O TEXTO 33

2

OS PATAXÓ DO GUARANI..35
2.1 A TERRA INDÍGENA FAZENDA GUARANI 38
2.2 O GUARANI 43

3

O COTIDIANO DAS CRIANÇAS PATAXÓ..............................47
3.1 O SARUÊ, A MATA E A CAÇA.......................................47
3.2 A ENXADA, A ROÇA E O TRABALHO AGRÍCOLA..................60
3.3 O FOGÃO, A CASA E AS TAREFAS DOMÉSTICAS 68
3.4 A SEMENTE, O CANTINHO DA CASA E O ARTESANATO 78
3.5 A BOLA, O CAMPO E O FUTEBOL...................................86
3.6 O BRINQUEDO, A ALDEIA E AS BRINCADEIRAS 95

4

LAZER, TRABALHO E APRENDIZAGEM..............................107
4.1 LAZER E EDUCAÇÃO..107
4.2 LAZER E APRENDIZAGEM 110
4.3 LAZER E TRABALHO..116
    4.3.1 A bola 116
    4.3.2 O facão 118

5

AS CRIANÇAS E O FAZER ETNOGRÁFICO...........................121
5.1 DEVIR-CRIANÇA...122
5.2 DEVIR-ANTROPÓLOGO 127
5.3 EXPERIÊNCIA E APRENDIZAGEM EM CAMPO 130

6

CONSIDERAÇÕES FINAIS..135

REFERÊNCIAS...141

INTRODUÇÃO

Minha aproximação com os Pataxó[3] do Guarani, uma das aldeias situadas na Terra Indígena Fazenda Guarani (TIFG), teve início em janeiro de 2007. Essa visita à aldeia, situada nas proximidades da cidade mineira de Carmésia, se concretizou em virtude do convite de um amigo que havia trabalhado com alguns professores pataxó no Programa de Implantação das Escolas Indígenas de Minas Gerais (PIEI)[4], da Faculdade de Educação da Universidade Federal de Minas Gerais (FAE/UFMG). Nessa oportunidade pude compartilhar da convivência dos velhos, adultos, jovens e principalmente das crianças daquela aldeia. Os pequenos anfitriões nos receberam calorosamente, sempre brincando e nos apresentando a diversas pessoas e lugares da aldeia. Após essa abreviada, porém intensa convivência, retornei a Belo Horizonte agradavelmente afetado pelos momentos compartilhados com aquelas crianças.

Em fevereiro desse mesmo ano, voltei à minha rotina de trabalho na escola em que trabalhava como professor de Educação Física, com o intuito de compartilhar com meus alunos as experiências lúdicas que havia aprendido por lá. A intenção a priori era trabalhar com algumas brincadeiras que as crianças pataxó haviam me ensinado. No entanto, o meu envolvimento e o das crianças da escola foi tamanho, que ao pesquisar um pouco mais sobre o assunto, descobrimos um documentário chamado Jogos Indígenas do Brasil[5], que abordava justamente essa temática em outros contextos indígenas. Com

---

[3] A grafia Pataxó, com letra maiúscula e no singular é utilizada conforme a "Convenção para a Grafia dos Nomes Tribais" que foi assinada por participantes da 1ª Reunião Brasileira de Antropologia, realizada no Rio de Janeiro, em 1953, de modo a uniformizar a maneira de escrever os nomes das sociedades indígenas em textos em língua portuguesa. Essa convenção foi publicada na *Revista de Antropologia* (São Paulo, v. 2, n. 2, p. 150-152, 1954) e posteriormente nas primeiras páginas (não numeradas) do volume organizado por Egon Schaden, *Leituras de Etnologia Brasileira* (São Paulo: Companhia Editora Nacional, 1976). Entre os vários pontos apontados por essa convenção estabeleceu-se que os nomes tribais devem ser escritos com inicial maiúscula, sendo facultativo o uso dela quando tomados como adjetivos. Usados como substantivos ou adjetivos, os nomes tribais não terão flexão de gênero e de número, a não ser que sejam de origem portuguesa ou morficamente aportuguesados. Disponível em: https://www.juliomelatti.pro.br/notas/n-cgnt.pdf . Acesso em: 18 out. 2009.

[4] O Programa de Implantação das Escolas Indígenas de Minas Gerais (PIEI) é um projeto de extensão desenvolvido pela Faculdade de Educação (FAE) da Universidade Federal de Minas Gerais em parceria com a Secretaria de Estado da Educação de Minas Gerais, a Fundação Nacional do Índio (FUNAI), o Instituto Estadual de Florestas (IEF) e os povos indígenas de Minas Gerais.

[5] JOGOS INDÍGENAS DO BRASIL. Produção de Maurício Lima. São Paulo: ORIGEM JOGOS E OBJETOS, 2005. Fita de vídeo (30min), DVD, son., color.

isso, o trabalho ganhou outra dimensão e pudemos conhecer um pouco mais sobre a(s) infância(s) indígena(s) de diversos contextos do país. Esse projeto de ensino[6] sensibilizou meu olhar e fez florescer um desejo pelo estudo da(s) infância(s), particularmente da infância pataxó.

1.1 INFÂNCIA(S) INDÍGENA(S)

As referências às crianças indígenas nos trabalhos antropológicos no início do século passado, quando não estavam dispersas por todo texto, ocupavam lugares por demais modestos com análises aligeiradas e superficiais. Além disso, suas análises repetiam o pensamento adultocêntrico que se fazia presente nas pesquisas com crianças de contextos não indígenas. Ao fazer uma importante revisão bibliográfica sobre o tema, Nunes[7] cita os trabalhos de Nimuendaju[8] e Wagley[9] que, apesar de terem desenvolvido suas pesquisas nas décadas de 30 e 50, só teriam seus textos publicados bem posteriormente. Segundo a autora, ambas as pesquisas somente fazem referência às crianças de maneira enfática quando mencionam a ocorrência da prática do infanticídio entre os Apinayé e os Tapirapé. Os trabalhos de Schaden[10] e Fernandes[11], apesar de serem marcos na produção etnológica brasileira, também revelam uma noção de educação e aprendizagem das crianças indígenas como um processo de reprodução e transmissão de saberes, ou como entendia Fernandes[12], "adestramento dos imaturos". Nas décadas 70 a 90, Nunes[13] destaca

---

[6] Esse projeto denominado *Brincando de Índio* foi premiado no ano seguinte com o 4º lugar na categoria *Diversidade cultural e promoção da igualdade racial* do Prêmio Paulo Freire da Prefeitura Municipal de Belo Horizonte (http://portal6.pbh.gov.br/dom/iniciaEdicao.do?method=DetalheArtigo&pk=993536).

[7] NUNES, Ângela. *A sociedade das crianças A'wue-Xavante*: por uma antropologia da criança. Lisboa: Ministério da Educação/Instituto de Inovação Educacional, 1999.

[8] NIMUENDAJU, Curt. *Os apinayé*. Belém-Pará: CNPq, Museu Paraense Emilio Goeldi, 1983.

[9] WAGLEY, Charles. *Lágrimas de boa-vindas*. São Paulo: Ed. Itatiaia, Edusp, 1988. (Col. Reconquista do Brasil, 2. série, v. 137)

[10] SCHADEN, Egon. Educação e Magia nas cerimônias de iniciação. *Revista Brasileira de Estudos Pedagógicos*. Brasília, n. 8, v. 3, 1945.

[11] FERNANDES, Florestan. As trocinhas do Bom Retiro: contribuição ao estudo folclórico e sociológico da cultura e dos grupos infantis. *Revista do Arquivo Nacional*. Notas sobre a Educação na Sociedade Tupinambá. Coletânea de textos, 1951.

[12] *Ibidem*.

[13] NUNES, Ângela. No tempo e no espaço: brincadeiras das crianças A'uwe-Xavantes. *In*: LOPES DA SILVA, Aracy; NUNES, Ângela; MACEDO, Ana Vera Lopes da Silva (org.). *Crianças indígenas*: ensaios antropológicos. São Paulo: Global, 2002.

os trabalhos de Melatti[14], Lopes da Silva[15], Lopes da Silva e Grupinoni[16], que foram textos de grande divulgação, com uma linguagem voltada para um público mais amplo e os trabalhos de Gregor[17], Vidal[18], Melatti e Melatti[19], Novaes[20], Viveiros de Castro[21] e Ramos[22], que são textos mais dirigidos a estudantes e especialistas do campo da Antropologia. Apesar do aumento na abrangência dos estudos etnológicos que fazem algum tipo referência às crianças indígenas, a autora põe em relevo a perpetuação de uma herança evolucionista que entendia as crianças como "seres sociais incompletos" ou "adultos em miniatura". A superação de algumas dessas representações sociais sobre as crianças tornou-se primordial para aproximação e fundamentação dos estudos antropológicos sobre a(s) infância(s) indígena(s).

As produções acadêmicas contemporâneas que vêm se debruçando sobre esse tema, especificamente entre os povos indígenas da América do Sul, têm revelado aspectos significativos na constituição da etnologia indígena brasileira. Destaca-se aí o livro *Crianças indígenas: ensaios antropológicos*, organizado por Aracy Lopes da Silva, Ana Vera da Silva Macedo e Angela Nunes[23]. A obra é uma tentativa de romper com uma postura "adultocêntrica" predominante ao longo da história das ciências sociais que nunca atribuíra agência às crianças, não porque essas fossem meros reprodutores da sociedade adulta, mas porque havia um completo desconhecimento das especificidades do mundo infantil. Nesse sentido, a obra é resultado de uma iniciativa acadêmica que busca fortalecer o entendimento de que as crianças devem ser entendidas como sujeitos sociais completos e interlocutores legítimos nas pesquisas científicas. Composta por sete artigos baseados em pesquisa de campo nas sociedades indígenas Xavante, Guarani, Kaiowá,

---

[14] MELATTI, Júlio. Índios do Brasil. Brasília: Ed. Hucitec. Ed. UnB, SP, 1987.

[15] LOPES DA SILVA, Aracy (org.). *A questão indígena na sala de aula*. São Paulo: Brasiliense, 1987.

[16] LOPES DA SILVA, Aracy; GRUPIONI, Luis (org.). *A temática indígena na escola*. Brasília : MEC, MARI, UNESCO, 1995.

[17] GREGOR, Thomas. *Mehinaku*: the drama of daily life in a Brazilian Indian Village. Chicago: University of Chicago Press, 1977.

[18] VIDAL, Lux. *Morte e vida de uma sociedade indígena brasileira*. São Paulo: Hucitec, Edusp, 1977.

[19] MELATTI, Júlio Cezar; MELATTI, Delvair Montagner. A criança Marubo: educação e cuidados. *Revista Brasileira de Estudos Pedagógicos*, Brasília, v. 62, n. 143, 1979.

[20] NOVAES, Sylvia Caiuby (org.). *Habitações indígenas*. São Paulo: Livraria Nobel/Edusp, 1983.

[21] VIVEIROS DE CASTRO, Eduardo. *Araweté*: os deuses canibais. Rio de Janeiro : Jorge Zahar Editora e Anpocs, 1986.

[22] RAMOS, Alcida. *Memórias Sanumá*: espaço e tempo em uma aldeia Ianomani. Brasília: UnB, 1990.

[23] LOPES DA SILVA, Aracy; NUNES, Ângela; MACEDO, Ana Vera Lopes da Silva (org.). *Crianças indígenas*: ensaios antropológicos. São Paulo: Global, 2002.

Asurini, Kaiapó-Xikrin e dois artigos de revisão[24], a obra é um grande marco na constituição de uma Antropologia da Criança.

Outra produção que merece destaque é o artigo de Tassinari, intitulado "Concepções de Infâncias Indígenas" que ressalta cinco aspectos recorrentes sobre a(s) infância(s) indígena(s) das Terras Baixas da América do Sul de pesquisas realizadas nas últimas décadas:

> [...] o reconhecimento da autonomia da criança e de sua capacidade de decisão; o reconhecimento de suas diferentes habilidades frente aos adultos; a educação como produção de corpos saudáveis, o papel da criança como mediadora de diversas entidades cósmicas; o papel da criança como mediadora dos diversos grupos sociais[25].

Ao tratar desses aspectos, a autora destaca as concepções relativas à educação e aos cuidados com as crianças indígenas, bem como o reconhecimento dos adultos em relação às potencialidades que permitem às crianças ocupar espaços de sujeitos plenos e produtores de sociabilidade.

Nos estudos sobre a infância entre os Pataxó põe-se em destaque os trabalhos de Miranda[26], Souza[27], Veronez[28], que desenvolveram suas pesquisas nas aldeias pataxó de Coroa Vermelha, Barra Velha e Cumuruxatiba, no estado da Bahia, além de Cardoso[29] e Carvalho[30], que realizaram seus trabalhos na TIFG, em Minas Gerais. Os trabalhos realizados nas aldeias baianas abordam questões relacionadas ao contato com a sociedade nacional, identidade e reafirmação étnica. Miranda[31] versa sobre o importante papel

---

[24] Um destes é o texto "O lugar da criança nos textos sobre sociedades indígenas brasileiras", de Ângela Nunes a qual me refiro no parágrafo anterior.

[25] TASSINARI, Antonella. Concepções de infância indígena no Brasil. *Tellus*, ano 7, n. 13, p. 11-25, out. 2007.

[26] MIRANDA, Sarah Siqueira de. *A construção da identidade Pataxó*: práticas e significados da experiência cotidiana entre crianças da Coroa Vermelha. 2006. Monografia (Ciências Sociais) — Faculdade de Filosofia e Ciências Humanas, Universidade Federal da Bahia, Salvador, 2006.

[27] SOUZA, Ana Cláudia Gomes de. *Escola e reafirmação étnica o caso dos pataxó de barra velha, bahia*. 2001. Dissertação (Mestrado em Antropologia) - Faculdade de Filosofia e Ciências Humanas, Universidade Federal da Bahia, Salvador, 2001.

[28] VERONEZ, Helânia Thomazine Porto. *As escolas indígenas das aldeias de Cumuruxatiba (BA) e a reconstrução da identidade cultural Pataxó*. 2006. Dissertação (Mestrado Interdisciplinar Educação, Administração e Comunicação - Universidade São Marcos, São Paulo, 2006.

[29] CARDOSO, Juliana de Souza. *O resgate da identidade como estratégia de sobrevivência entre os índios pataxó*. 2000. Dissertação (Mestrado em Psicossociologia de Comunidades e Ecologia Social) - Universidade Federal do Rio de Janeiro, 2000.

[30] CARVALHO, Levindo Diniz. *Imagens da infância: brincadeira, brinquedo e cultura*. 2007. Dissertação (Mestrado em Educação) — Faculdade de Educação, Universidade Federal de Minas Gerais, Belo Horizonte, 2007.

[31] MIRANDA, 2006.

desempenhado pelas crianças pataxó de Coroa Vermelha na manutenção da identidade indígena pataxó para além dos limites da escola e da família, por meio da inserção dessas no mercado artesanal. Essa narrativa revela a significativa função desenvolvida pelas crianças na economia local colocando em destaque a relação criança/trabalho como processo de aprendizado e de reafirmação étnica. O trabalho de Souza[32] busca apreender o significado da educação escolar indígena na aldeia pataxó de Barra Velha. A autora demonstra como a escola se tornou um espaço de socialização, solidariedade intrassocietária e de expressão de etnicidade. Veronez[33] também aborda o contexto escolar e faz uma análise do currículo e das práticas docentes nas escolas indígenas dos Pataxó de Cumuruxatiba. Seus dados sinalizam que as escolas foram solicitadas pelos Pataxó como uma forma diacrônica de se reconstruir os conhecimentos tradicionais e preparar as crianças para viver uma nova realidade.

O trabalho de Cardoso[34] realizado na TIFG retrata o processo de migração dos Pataxó da Bahia para Minas Gerais e mantém a discussão sobre o processo de reestruturação e adaptação na constituição da identidade étnica desse grupo. Carvalho[35] faz uma análise sociológica sobre o universo lúdico das crianças pataxó do Imbiruçu, uma das aldeias dessa mesma reserva, buscando um paralelo com as crianças do bairro Taquaril, na periferia de Belo Horizonte. Com base na compreensão de cada contexto sociocultural, o autor faz uma descrição dos cotidianos infantis, de seus repertórios de práticas culturais e põe em relevo os diferentes usos dos espaços e tempos do brincar, a relação com os adultos e os elementos de sua cultura.

Essas produções acadêmicas citadas anteriormente abordam as infâncias indígenas brasileiras contrapondo a noção "adultocêntrica" sobre as crianças, como seres passivos e destituídos de agência, para assumi-las como sujeitos sociais plenos, assim como os jovens, os adultos e os velhos. O entendimento proposto por Toren[36] apresenta-se de forma bastante interessante, porque propõe que a criança pode apresentar os aspectos da sociedade que não são explícitos, mas que não estão ausentes, tornando a análise do mundo e da perspectiva dos "pequenos" altamente rentável para a produção da etnologia de uma sociedade.

---

[32] SOUZA, 2001.

[33] VERONEZ, 2006.

[34] CARDOSO, 2000.

[35] CARVALHO, 2007.

[36] TOREN, Christina. The Child in Mind. *In*: WHITEHOUSE, H. *The Debated Mind*. Oxford: Berg, 1999.

Nesse sentido, o que se pretende com este trabalho que se apresenta adiante é somar-se às produções acadêmicas que têm pesquisado as infâncias indígenas em uma perspectiva analítica, e contribuir para a apreensão de alguns elementos fundantes do cotidiano das crianças pataxó.

1.2 PERCURSOS E ESCOLHAS TEÓRICAS

Influenciado pelas produções acadêmicas realizadas em contextos pataxó, o primeiro esboço deste projeto de pesquisa apostou na relação entre as aprendizagens das práticas sociais e a constituição das identidades das crianças pataxó. A escolha dessa temática consonava com objetos de pesquisa de trabalhos contemporâneos sobre os Pataxó que abordavam questões relacionadas a disputas de terras, histórico de contato com a sociedade nacional e educação escolar indígena, em que a discussão sobre a identidade étnica aparecia com diversos relevos. Essa proposta começou a ser repensada após os relatórios de qualificação desta pesquisa que apontavam para uma análise da constituição da pessoa ameríndia pautada pelo viés da alteridade, em contrapartida ao conceito de identidade[37]. Os pareceres indicavam ainda a possibilidade de assunção de um objeto de estudo ligado às aprendizagens das crianças pataxó, deixando a discussão sobre a identidade como mais um dos elementos constituintes desses processos[38].

A partir desses relatórios e dos dados preliminares revelados pelas primeiras excursões ao campo, afirmei o intuito de buscar um entendimento sobre os processos de participação, engajamento e aprendizagem das crianças pataxó nas práticas sociais de seus cotidianos. Para tanto, assumi um diálogo mais direto e aprofundado com a literatura antropológica ligada às aprendizagens.

1.2.1 Aprendizagem situada

Nessa perspectiva de estudo, a obra *Situated Learning: legitimate peripheral participation*, de Lave e Wenger[39], foi primordial na constituição de

---

[37] Proposta apresentada no parecer qualificatório de pesquisa elaborado pela Prof.ª Dr.ª Antonella Maria Imperatriz Tassinari do Departamento de Antropologia da Universidade Federal de Santa Catarina.

[38] Sugestão apresentada no parecer da Prof.ª Dr.ª Ana Maria Rabelo Gomes da Faculdade de Educação da Universidade Federal de Minas Gerais.

[39] LAVE, Jean; WENGER, Etienne. *Situated learning*: legitimate peripheral participation. Cambrige: Cambrige Press, 1991.

uma fundamentação teórica sobre as aprendizagens das práticas sociais do contexto pataxó. Esta obra põe em destaque uma importante discussão sobre a aprendizagem tomando como base o entendimento de que esse processo se insere e se constitui pelas relações sociais. Essa noção de aprendizagem situada na prática da vida cotidiana traz uma grande contribuição para a constituição de um corpo investigativo nas Ciências Humanas e Sociais que explora o caráter social e histórico inerente às aprendizagens humanas. Contrapondo-se a premissa que distingue teoria e prática, a aprendizagem aqui não é entendida como um processo de aquisição de conhecimentos abstratos que são transportados a posteriori em contextos práticos. As habilidades que possuímos são frutos de um processo de envolvimento e participação nas diversas práticas sociais de nossos cotidianos.

Nesse sentido, o termo "participação periférica legitimada" (PPL) é cunhado por Lave e Wenger[40] como um descritor do processo de participação e engajamento dos aprendizes nas práticas sociais. A PPL nos ajuda a entender as relações existentes entre a figura do veterano (*old-timer*) e do aprendiz (*newcomer*), contrariando o entendimento quase sempre tratado nas pesquisas sobre aprendizagem onde o primeiro ensina e o segundo aprende. Essa distinção de papéis, porém, não representa uma relação de submissão, mas de diferentes formas de participação em um processo que é essencialmente relacional. Ao fazer referência à essa relação, baseando na obra de Lave e Wenger[41], Gomes[42] acrescenta que os diferentes membros de uma comunidade participam em modo diferenciado, mas é preciso que cada um seja reconhecido como membro, daí a sua participação ser legitimada, mesmo se periférica, pela sua provisória incapacidade de agir/interagir de outra forma.

Essa condição necessária de coparticipação revela uma relação dialógica entre os sujeitos que nos ajuda a desconstruir o entendimento de aprendizado como um processo interno de acumulação de conhecimentos e assumi-lo como um processo social que se estabelece na relação entre o sujeito, a comunidade e o ambiente em que esse está inserido. Com o intuito de enfatizar esse caráter compartilhado entre os diferentes sujeitos em suas aprendizagens, Lave e Wenger[43] criam o conceito de "comunidade

---

[40] LAVE; WENGER, 1991.

[41] *Ibidem.*

[42] GOMES, Ana Maria Rabelo. Escolarização estranhamento e cultura. XV CONBRACE/II CONICE, Recife, 2007. *Anais* [...]. Recife, 2007.

[43] LAVE; WENGER, 1991.

de prática". Para clarificar melhor o termo, os autores[44] acrescentam que o termo comunidade não implica necessariamente copresença, um grupo bem identificado ou limites socialmente visíveis, mas a participação em um conjunto de práticas das quais os participantes compartilham compreensões relativas ao que estão fazendo, sobre o que isso significa em suas vidas e para as suas comunidades.

Apreende-se disso, então, que não são delimitações étnicas, etárias, de gênero, entre outras, que caracterizam um determinado grupo como uma comunidade de prática, mas a relação que esses sujeitos estabelecem em torno da aprendizagem de uma determinada tarefa. Em outras palavras, as crianças, os indígenas, ou ainda as crianças indígenas não constituem necessariamente uma comunidade de prática (ainda que isso possa de fato ocorrer), pois é essencial que se reconheça a que prática essas pessoas compartilham aprendizagens. O termo "prática" aqui se refere a um fazer situado em um contexto histórico e social que dá estrutura e significado ao que se faz. Nesse sentido, o conceito de prática salienta o caráter social e negociado tanto do explícito como do tácito de nossas vidas[45].

Para desenvolver melhor a perspectiva abordada na teoria da "Aprendizagem Situada" os autores dedicam um capítulo da obra *Situated Learning: legitimate peripheral participation* para abordar cinco narrativas sobre "como ser aprendiz": as parteiras maias de Yucatan no México[46], os alfaiates de Vai e Gola na Libéria[47], os cabos da marinha dos Estados Unidos[48], os açougueiros de um supermercado nos Estados Unidos[49] e os alcoólatras abstêmios[50].

No caso das parteiras maias a aprendizagem referente à tarefa de realizar um parto é algo que se inicia na infância, escutando casos de partos difíceis de serem realizados, acompanhando as parteiras nas visitas de pré-natal às futuras mães, até a participação efetiva em um parto; que só se torna

---

[44] *Ibidem.*

[45] LAVE; WENGER, 1991.

[46] JORDAN, Brigitte. Cosmopolitan obstetrics: some insights from the training of traditional midwives. *Social Science and Medicine*, v. 28, n. 9, p. 925-944, 1989.

[47] LAVE, Jean. Teaching as learning in practice. *Mind, Culture, and Activity*, Abingdon, v. 3, n. 3, p. 149-164, 1996.

[48] HUTCHINS, Edwin. Learning to navigate. *In*: CHAIKLIN, Seth; LAVE, Jean. (ed.). *Understanding practice.* New York: Cambridge University Press, (In press).

[49] MARSHALL, Hannah Meara. Structural constraints on learning. *In*: GEER, B. (ed.). *Learning to work.* Beverly Hills: Sage Publications, 1972.

[50] CAIN, Carol. *Becoming a non-drinking alcoholic*: a case study in identity acquisition. Chapel Hill: Anthropology Department. University of North Carolina (In preparation).

possível depois que ela mesma tem um filho e torna-se mãe[51]. A relação entre aprendizes e veteranas é estabelecida por meio de observações contínuas e poucas perguntas. Esse engajamento gradativo com a prática do parto se confunde com a própria história de vida das parteiras. No caso da marinha estadunidense, os cabos aprendem a lidar com sistemas e aparelhos de alta tecnologia. Apesar de existir uma lógica de preparação para a prática, em que os cabos primeiramente passam por um curso preparatório antes de participar efetivamente da condução dos navios, nota-se um processo de participação, engajamento e assunção de tarefas na prática propriamente dita. No mar, dependendo da experiência, o aprendiz de cabo desempenha tarefas como observação e vigília, operação do sonar e telescópio, além de diversas outras atividades que somadas contribuem para a condução do navio. Esse conjunto de atribuições é dividido com cabos veteranos que compartilham experiências e conhecimentos com os novatos.

Nesses mais diversos contextos notam-se as diferentes formas de engajamento e atribuições de aprendizes e veteranos onde as situações de aprendizagem emergem de suas relações socialmente estruturadas. Estruturas essas que não são condições invariantes que precedem e determinam a ação dos sujeitos, mas o resultado de uma variável e contínua agência coletiva[52]. Nessa obra seminal, Lave e Wenger[53] inauguram um arcabouço teórico e conceitual que se desdobra em diversas produções acadêmicas nesses últimos 20 anos com abordagens analíticas sobre as aprendizagens da vida cotidiana.

1.2.2 A percepção do ambiente

Outro autor que reitera o entendimento sobre a aprendizagem como um processo essencialmente social — que não se estabelece por um viés meramente cerebral, mas pela relação entre diversos agentes, humanos e não humanos, é o antropólogo britânico Tim Ingold, reconhecido como um dos grandes expoentes da Antropologia na atualidade. Seu livro *The perception of environment: essays on livelihood, dwelling and skill* é uma tentativa ambiciosa e interessante de criar uma matriz teórica para a disciplina com o intuito de superar o dualismo natureza/cultura, sob a rubrica de uma "Antropologia Ecológica". Seus 23 capítulos são divididos em três partes denominadas: sustento (*livelihood*), habitação (*dwelling*) e habilidade (*skill*).

---

[51] LAVE; WENGER, 1991.

[52] LAVE; WENGER, 1991.

[53] *Ibidem.*

Na primeira parte dessa obra, a vida social não é referenciada a partir de categorias ou representações, e sim como uma permanente coordenação de ritmos de atividades, onde a vida em sociedade supõe um contínuo engajamento e ajuste friccional das ações cotidianas. A premissa dessa parte do texto é o questionamento da noção de aprendizagem desenvolvida pela ciência cognitivista clássica. A solução apontada pelo autor está na superação da dicotomia capacidades inatas/competências adquiridas e na assunção do termo "habilidade" para designar aquilo que entendemos como conhecimento. Para fundamentar seu argumento, Ingold faz ponderações sobre a noção de transmissão de representações defendida por Dan Sperber. A questão posta em destaque por Ingold é que se o conhecimento consiste em representações mentais que povoam as mentes humanas como essas representações são transmitidas? O argumento de Sperber[54] é que possuímos estruturas mentais concebidas geneticamente que processam as informações externas *(inputs)* que são transmitidas culturalmente. Essa concepção é posta em dúvida por Ingold ao se questionar como seriam originadas essas estruturas cerebrais. Em outras palavras, se para cada informação externa há uma chave receptiva interna, quais seriam as chaves originárias das próprias chaves internas? O problema é análogo ao de como enviar uma mensagem, em código, a um receptor sem a chave para decodificá-la. Primeiro você tem de enviar outra mensagem, que especifique a chave, mas então o receptor precisa já ter em mãos outra chave, a fim de decodificar a primeira mensagem, e assim por diante, num regresso infinito. Esse retrocesso contínuo não deixa claro como as estruturas mentais defendidas por Sperber seriam concebidas. O argumento de Ingold é que o conhecimento que possuímos não é resultado de capacidades inatas e nem de competências adquiridas, mas de habilidades que são constituídas em um processo simbiótico entre organismo/ambiente. Nossas ações não são resultado de uma conversão mental em movimento corporal, mas de uma agência perceptiva. Nesse sentido, é por meio de um processo de habilitação (*enskilment*), não de enculturação, que cada geração alcança e ultrapassa a sabedoria de suas predecessoras, não por um acúmulo de representações mentais, mas por uma "educação da atenção"[55].

Na segunda parte da obra[56], Ingold propõe um estudo das diferentes formas de viver no mundo em que habitamos. Nesses capítulos o autor centra-se na importância das condições materiais da existência, tais como os

---

[54] SPERBER, Dan. *Explaining culture*: a naturalistic approach. Oxford: Blackwell, 1996.

[55] INGOLD, Tim. *The perception of the environment*: essays in livelihood, dwelling and skill. London: Routledge, 2000.

[56] *Ibidem.*

APRENDIZAGEM PELOS "FAZERES-SENTIDOS": AS PRÁTICAS COTIDIANAS DAS CRIANÇAS PATAXÓ

modos de produção e relações com o meio, para relativizar as noções sobre natureza, cultura, cognição e percepção. No Capítulo 14, o mais extenso do livro, Ingold revê o entendimento sobre como percebemos o mundo e faz uma crítica deliberada à Antropologia dos Sentidos. A discussão inicia-se quando Ingold cita uma placa de aviso em uma linha de trem que diz: "Pare, olhe e escute". O que está implícito nessa advertência é a suposta necessidade de interromper uma atividade corporal, andar, para iniciar outra, olhar e escutar. Esse entendimento implica que a percepção é um processo que se estabelece de dentro para fora, mas como afirma Ingold, a percepção não é uma operação "dentro-da-cabeça", executada sobre o material bruto das sensações, mas ocorre em circuitos que perpassam as fronteiras entre cérebro, corpo e mundo[57]. No desenvolvimento de seu argumento o autor faz uma longa revisão das interpretações históricas sobre os sentidos até as produções antropológicas contemporâneas sobre esse tema. Sua crítica baseia-se na ideia de que as culturas podem ser comparadas em termos relativos aos sentidos por meio dos quais as pessoas percebem o mundo à sua volta. Utilizando os estudos de Stoller[58], nos Songhay do Níger, Seeger[59], nos Suyá do Brasil e Gell[60], nos Umeda da Papua Nova Guiné, Ingold[61] afirma que o contraste radical entre audição e visão apontados nesses estudos pode refletir mais sobre as preconcepções de análises antropológicas do que sobre a própria experiência sensória dos povos entre os quais eles têm trabalhado. Ingold sugere que olhos e ouvidos não devem ser entendidos como "teclados separados para o registro das sensações", mas como órgãos do corpo como um todo, cujo movimento, dentro do ambiente, consiste na atividade de percepção. Visão e audição são meramente facetas dessa ação e a qualidade da experiência, seja ela de luz ou som, é intrínseca ao movimento corporal vinculado, em vez de possuído "depois do fato" pela mente[62].

Na última seção da obra, Ingold faz uma enfática crítica aos usos e atribuições modernas do termo "tecnologia" fundamentada na dicotomia persistente entre mente/corpo. Na Grécia e Roma antiga o significado de *tekhne* (técnica) e *ars* (arte) era prática habilitada. A intenção de Ingold é

---

[57] INGOLD, 2000.

[58] STOLLER, Paul. *The taste of ethnographic things*: the senses in anthropology. Philadelphia: University of Pennsylvania Press, 1989.

[59] SEEGER, Anthony. The meaning of body ornaments: a Suya example. *Ethnology 14*, p. 211-224, 1975.

[60] GELL, Alfred. The Umeda language-poem. *Canberra Anthropology*, v. 2, n. 1, p. 44-62, 1979.

[61] INGOLD, 2000.

[62] *Ibidem*, p. 268.

recuperar a conotação original desses termos como habilidade e superar a profunda divisão estabelecida entre a Antropologia da Arte e da Tecnologia. Ao retomar a noção mausseana de técnicas corporais Ingold afirma que habilidade é uma propriedade não do corpo humano individual como uma entidade biofísica, uma "coisa nela mesma", mas no campo total de relações construídas pela presença do organismo pessoal, indissociável corpo e mente, em um ambiente ricamente estruturado[63]. Para encorpar seu argumento, o autor faz referências ao trabalho de Maurren Anne MacKenzie com o povo Telefol da Papua Nova Guiné. Nesse estudo, MacKenzie[64] versa sobre a habilidade das meninas telefol para fazer as *bilum,* ou bolsas de corda (*string bag*). Ingold[65] chama a atenção para a forma como as meninas participam e engajam-se nessa tarefa e põe em destaque dois processos que julga importante: a observação e a imitação. O entendimento que se faz desses elementos vai além de uma mera reprodução daquilo que se pode ver o outro fazer. Observar significa perceber ativamente os movimentos do outro e imitar é alinhar essa percepção à sua própria execução prática em consonância com o ambiente[66]. Nesse sentido, Ingold[67] retoma a discussão subliminar sobre seu entendimento da aprendizagem como um processo de "educação da atenção", e afirma que a habilidade para fazer uma *bilum* é incorporada como um padrão rítmico de movimento e a chave para seu desempenho fluente encontra-se na introdução dos novatos em contextos que oferecem potencialidades (*affordances*) para o desenvolvimento de sua percepção e ação na prática[68].

A convergência dos trabalhos de supracitados oferece um arcabouço teórico que aponta caminhos para um entendimento das aprendizagens humanas como processos essencialmente sociais. A noção de social, discutida posteriormente no texto, baseando em Ingold[69] e Latour[70], não se restringe aos agentes humanos. Nesse sentido, o termo aprendizagem implica um processo que não se estabelece exclusivamente nas estruturas cerebrais de

---

[63] *Ibidem*, p. 353.

[64] MACKENZIE, Maureen Anne. *Androgynous objects*: string bags and gender in central New Guinea. Taylor & Francis, 1991.

[65] INGOLD, 2000.

[66] *Ibidem*, p. 353.

[67] *Ibidem*.

[68] INGOLD, 2000, p. 354.

[69] *Ibidem*.

[70] LATOUR, Bruno. *Reassembling the social*: an introduction to actor-network-theory. Oxford: Oxford University Press, 2005.

APRENDIZAGEM PELOS "FAZERES-SENTIDOS": AS PRÁTICAS COTIDIANAS DAS CRIANÇAS PATAXÓ

nós seres humanos, mas que se estende em conexões com os diversos agentes, vivos e inanimados, que compõem o mundo em que habitamos.

1.3 APRESENTANDO O TEXTO

O referencial teórico aqui anunciado demandou escolhas metodológicas que consonasse com os conceitos e teorias assumidos. Ao estabelecer um diálogo com as produções antropológicas contemporâneas, mais especificamente com a Etnologia Indígena, Antropologia da Criança e da Aprendizagem, a escolha pela etnografia como método de pesquisa foi um caminho indubitável e necessário.

Apesar de não ter permanecido em campo por longas datas ininterruptamente, realizei excursões periódicas ao contexto de pesquisa que foram divididas em dois momentos. O primeiro, que chamo aqui de período exploratório, foi realizado nos meses de abril, julho e outubro do ano de 2009. No segundo momento, após rever o projeto de pesquisa, a partir dos pareceres qualificatórios e dos dados produzidos preliminarmente, realizei viagens sistemáticas que se desenvolveram pelos meses de março, abril, junho, julho e agosto de 2010. A opção de não permanecer em campo durante longos períodos se fez necessária pelo fato de que minha estadia era realizada na própria casa dos Pataxó. Esse retorno periódico evitou desgastes desnecessários com meus anfitriões e permitiu avaliações periódicas dos dados produzidos em campo. Outra estratégia assumida nesse sentido foi a de morar em casas diferentes ao longo desse período, o que permitiu um trânsito maior entre as famílias da aldeia.

Após o fechamento do trabalho de campo em agosto de 2010, iniciei a escrita do texto etnográfico, que se organiza aqui da seguinte forma: no Capítulo 2, faço uma descrição do contexto de pesquisa levando em consideração a trajetória histórica do povo pataxó, dos primeiros registros feitos sobre essa etnia na região da Bahia até sua chegada a Minas Gerais. No Capítulo 3, verso sobre a participação das crianças pataxó em seis práticas presentes em sua aldeia: a caça, o trabalho agrícola, as tarefas domésticas, o artesanato, o futebol e as brincadeiras. Nesta seção, priorizo o diálogo com as teorias da Aprendizagem Situada de Lave e a abordagem ecológica de Ingold para discorrer sobre a constituição das habilidades das crianças pataxó a partir de suas participações em suas práticas cotidianas. No Capítulo 4, discuto os temas tempo/espaço e adulto/criança no contexto pataxó fazendo um paralelo com outros contextos indígenas e não indígenas para abordar as possíveis relações entre Lazer, Trabalho e Aprendizagem. No Capítulo 5, discorro sobre a experiência de se fazer etnografia com as crianças pataxó revelando alguns aspectos do meu aprendizado enquanto etnógrafo. Nas considerações finais, retomo algumas discussões colocadas em revelo ao longo dos capítulos anteriores para fazer alguns apontamentos sobre as aprendizagens das práticas sociais das crianças pataxó.

OS PATAXÓ DO GUARANI

Os primeiros registros sobre os indígenas da etnia pataxó datam do século XVII, quando habitavam o sul da Bahia. De acordo com o relato do viajante Maximiliano Wied-Neuwied, em 1817, os Pataxó, bem como outras etnias, viviam nas margens do rio Mucuri. Havia semelhanças de linguagens e costumes entre esses povos[71] e as línguas faladas pelos Maxakali e os Pataxó, pertencentes ao tronco linguístico Macro-Jê[72], apresentavam muitas palavras parecidas. Fisicamente, os Pataxó também se assemelhavam aos Maxakali e aos Puris, porém, enquanto esses últimos mantinham relações amistosas com os brancos, os Pataxó eram, entre todas as etnias, os mais desconfiados e reservados[73]. Quase sempre reunidos em pequenos grupos, os Pataxó viviam prioritariamente da caça e da coleta de alimentos[74]. No entanto, em 1861, os Pataxó vivenciaram uma grande mudança em seus costumes quando Antônio Costa Pinto, presidente da Província da Bahia, determinou a concentração compulsória de toda a população indígena da região em uma única aldeia, a Aldeia Bom Jardim, que viria a ser denominada mais tarde de Aldeia Barra Velha, nas proximidades da foz dos rios Corumbau e Caraíva[75]. Tal fato foi desencadeado pelos constantes conflitos entre os indígenas e fazendeiros do extremo sul da Bahia que avançavam suas lavouras de cacau sobre o território indígena[76].

Diante dessa política de confinamento das populações indígenas, os Pataxó reestruturam seu modus vivendi e, até a década de 1940, viveram aldeados, criando porcos e cultivando roças de mandioca e banana. Após longos anos, adaptaram-se e passaram a gozar de certa prosperidade, produzindo farinha de mandioca, fazendo cordas de embira, gamelas, colheres de madeira e extraindo

---

[71] WIED-NEUWIED, Maximiliano. *Viagem ao Brasil*. São Paulo: Editora da Universidade de São Paulo, 1989. (Coleção Reconquista do Brasil, 2. série, v. 156).

[72] URBAN, Greg. A história da cultura brasileira segundo as línguas nativas. *In*: CARNEIRO DA CUNHA, Manuela. *História dos Índios no Brasil*. São Paulo: Companhia das Letras, 1992. p. 87-102.

[73] WIED-NEUWIED, 1989.

[74] PARAÍSO, Maria Hilda Baqueiro. *Caminhos de ir e vir e caminho sem volta*: índios, estradas e rios no sul da Bahia. 1982. Dissertação (Mestrado em Ciências Sociais) — Universidade Federal da Bahia, Salvador, 1982.

[75] VERONEZ, Helânia Thomazine Porto. Escolaridade e identidade cultural: a construção da educação indígena no extremo sul da Bahia. *Práxis Educacional*, Vitória da Conquista, v. 4, n. 5, p. 27-43, 2008.

[76] *Ibidem*.

piaçava. Esses produtos eram vendidos aos moradores dos pequenos povoados que moravam próximo à região[77]. Entretanto, em 1943, a autonomia dessa comunidade ficou ameaçada, quando as primeiras equipes técnicas do governo visitaram a região com o intuito de demarcar a área do Parque Nacional Monte Pascoal, apoiada pelo Decreto nº 12.729, com os objetivos precípuos de rememorar o fato histórico do descobrimento do Brasil, preservar a flora e a fauna típicas da região, conservar as belezas naturais e promover a organização de serviços e atrativos que pudessem desenvolver o turismo[78]. Com a criação desse parque, os Pataxó tiveram uma redução significativa de seu território e foram proibidos de caçar, pescar, plantar roças e extrair a matéria-prima da mata para fazer o artesanato[79]. Essa situação levou a inúmeros conflitos dos Pataxó com a polícia local e os fiscais do governo. Com o intuito de resolver esse impasse, o capitão[80] da aldeia Honório Ferreira, acompanhado de mais alguns Pataxó, seguiram para a cidade do Rio de Janeiro com o intuito de regularizar a demarcação de suas terras. Marechal Rondon afirmou que iria tomar as providências enviando engenheiros para demarcar suas terras[81].

Esses fatos são condizentes com o relato de Niõtxi Pataxó[82], o morador mais velho do Guarani, uma das aldeias da TIFG[83], em Minas Gerais:

> [...] algum tempo depois da ida do cacique Honório ao Rio de Janeiro em busca da demarcação das terras de sua aldeia, dois homens, que se diziam ser funcionários do governo, apareceram para regularizar a demarcação. Depois de levar alguns integrantes da Aldeia de Barra Velha até a cidade mais próxima, os sujeitos mandaram os Pataxó amarrar um dos negociantes do comércio local e pegar todos os produtos de sua "venda" em nome do governo. Quando a polícia de Porto Seguro e Prado foram informadas que o saque tinha tido a participação dos índios, decidiram invadir a aldeia. Ao cair da noite os policiais entraram na aldeia, assassinaram, estupraram, bateram e humilharam homens, mulheres e crianças pataxó [...]. (Entrevista com Niõtxi Pataxó).
>
> Notas de campo, 14 de julho 2010.

---

[77] VERONEZ, 2008.

[78] CARVALHO, Maria Rosário de. O Monte Pascoal, os índios pataxó e a luta pelo reconhecimento étnico. *Caderno CRH*, Salvador, v. 22, n. 57, p. 507-521, 2009.

[79] CASTRO, Maria Soledad Maroca de. *A Reserva Pataxó da Jaqueira*: o passado e o presente das tradições. 2008. Dissertação. (Mestrado em Antropologia) — Universidade de Brasília, Brasília, 2008.

[80] Termo utilizado pela autora; similar ao termo cacique.

[81] CASTRO, 2008.

[82] Todos os nomes relativos aos sujeitos da pesquisa são fictícios.

[83] Nome designado pela FUNAI à reserva.

Esse conflito entre os Pataxó e a polícia de Porto Seguro e Prado ficou conhecido como o *Fogo de 51*. A partir desse acontecimento, os Pataxó sofreram uma série de perseguições que provocou a dispersão desse povo pela região. Agrupados por laços consanguíneos, alguns Pataxó retornaram um tempo depois para reconstruir a aldeia, mas a maioria buscou abrigo em fazendas, perambularam pela orla marítima, fugiram para cidade e, como forma de sobrevivência, começaram a omitir a identidade indígena[84][85]. Niõtxi diz que após esse massacre muitos Pataxó ficaram com medo de dizer que eram índios e que sua mãe não quis ensinar a "língua dos índios" para seus filhos para evitar que eles tivessem dificuldade de conseguir emprego com os brancos. Hoje o *patxohã*, idioma originário dos Pataxó, é considerado extinto[86].

Segundo Niõtxi, em 1975 ele e seus familiares foram os primeiros Pataxó a migrarem para as terras localizadas nas proximidades do município de Carmésia, em Minas Gerais. Essa área que pertencia à Polícia Militar de Minas Gerais foi doada em 1972 à FUNAI para instalação dos índios Krenak. Antes de chegarem a esse local, os Krenak estavam instalados nas margens do rio Mucuri no extinto Posto Indígena Guido Marlière, que era uma instituição destinada a receber e recuperar índios considerados criminosos, administrada pela polícia militar[87]. Com a criação desse novo posto indígena, denominado inicialmente de Centro de Reeducação para indígenas e depois de 1974 de Colônia Agrícola Indígena Guarani, os Krenak, os Pataxó e outras etnias em menor número passaram a viver juntos nessa reserva. Com a retomada de suas antigas terras, os índios Krenak retornaram à região do rio Mucuri, deixando a TIFG sob ocupação dos índios pataxó[88]. Não são sabidos ao certo os motivos que levaram os Pataxó e as demais etnias à essa reserva, mas Corrêa[89] considera pouco plausível que esses índios tenham se deslocado para esse local por decisões próprias ou por anseios de suas comunidades. Em 2010, a reserva já não possuía nenhuma relação com o antigo

---

[84] CESAR, América Lúcia Silva. *Lições de abril*: construção de autoria entre os Pataxó de Coroa Vermelha. 2002. Tese (Doutorado em Antropologia) — Universidade Estadual de Campinas, Campinas, 2002.

[85] VERONÉZ, 2008.

[86] URBAN, 1992.

[87] CÔRREA, José Gabriel Silveira. A proteção que faltava: o reformatório agrícola indígena Krenak e a administração estatal dos índios. *Arquivos do Museu Nacional*, v. 61, n. 2, p. 129-146, 2003.

[88] CARDOSO, Juliana de Souza. *Dando com a língua no passado*: o ser e não ser marcado em discursos, imagens, objetos e paisagens. 2008. Tese (Doutorado em Letras) — Faculdade de Letras, Universidade Federal de Minas Gerais, Belo Horizonte, 2008.

[89] CORRÊA, 2003.

reformatório indígena que ali fora instalado e seus moradores mais antigos não se sentem à vontade para falar sobre os motivos que o levaram até lá.

2.1 A TERRA INDÍGENA FAZENDA GUARANI

Em 2010, cerca de 300 pessoas viviam na TIFG e estavam organizados em quatro aldeias: Sede, Alto das Posses, Retirinho e Imbiruçu. O contexto desta pesquisa se limitou a aldeia Sede, que é denominada pelos Pataxó apenas como "Guarani". A aldeia Alto das Posses, por não possuir divisas territoriais evidentes com o Guarani, e seus integrantes se relacionarem cotidianamente, é também referenciada em alguns momentos desta pesquisa (Figura 1).

Figura 1 – Imagem de satélite do Guarani e do Alto das Posses em 2010

Fonte: Google Maps

A organização da reserva em quatro aldeias (Figura 2) com lideranças distintas tem fortes ligações com as descendências familiares dos Pataxó. Essa demarcação territorial origina-se no passado com a migração das famílias pataxó de várias aldeias do Sul da Bahia. Segundo Akäike, o tio de sua mãe, Niõtxi, juntamente às famílias de mais quatro irmãos foram os primeiros a chegarem à reserva, por volta de 1975, onde constituíram o Guarani. Um ano mais tarde, outro grupo de Pataxó chegou e se instalou no mesmo local, mas sob a liderança de Kokawã e Anguá. Tempos depois, esse grupo se dividiu e formou as aldeias Imbiruçu, sob liderança de Kokawã, e Retirinho, chefiada por Anguá. Posteriormente, outro grupo oriundo da Bahia chegou à reserva e fundou a aldeia Alto das Posses. O cacique nomeado para essa nova aldeia foi Nionnactim. Após o suicídio de Kokawã, seu filho Juctan assumiu a liderança do Imbiruçu. Com o passar dos anos, Anguá passou a liderança do Retirinho para sua esposa Poniogã e Niõtxi deixou a função de cacique do Guarani para seu sobrinho Akäike.

Figura 2 – Desenho esquemático da TIFG em 2010

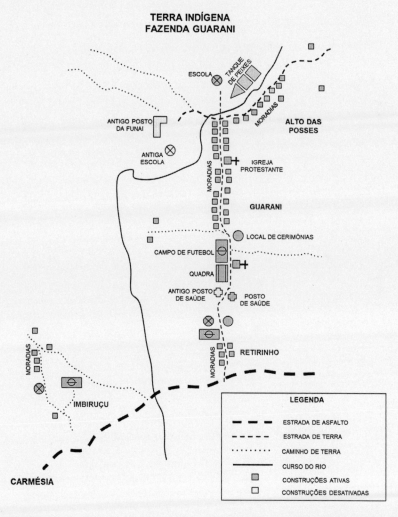

Fonte: o autor

Em meados do mês de julho de 2010, parte dos integrantes do Guarani migrou para o Parque Estadual Serra da Candonga, na região de Guanhães — MG. Os motivos pelos quais o grupo declarou estar se desintegrando da reserva seria a escassez de água, terra para plantar, animais para caça e matéria-prima para o artesanato[90]. No entanto, a razão para tal mudança, relatada pelos Pataxó durante o trabalho de campo, estava relacionada a conflitos internos. Segundo Goirã, seu irmão havia sido agredido por um integrante do grupo do Imbiruçu após uma festa ocorrida na cidade de Carmésia. Seu pai, Totsá, decidiu que iria migrar dali com seus filhos, noras e netos para evitar possíveis reações vingativas, conflitos futuros e até mortes.

Alguns dias depois, a quase totalidade dos integrantes do Alto das Posses ocupou a região do Parque Estadual do Rio Corrente no município de Açucena, Minas Gerais. A evasão desse grupo também estaria ligada à busca de melhores condições de terra para plantio, caça e oferta de matéria-prima para o artesanato, além de problemas com "conflitos constantes"[91]. A requisição de novas terras por esse grupo ocorre de longa data, mas o argumento de conflitos internos, publicado em alguns meios de comunicação, foi contestado por alguns integrantes do Guarani que diziam não reconhecer tais discordâncias.

A organização política das aldeias pataxó em agrupamentos menores guarda semelhanças com a de seus antepassados que habitavam o extremo sul baiano:

> [...] enquanto os Tupi tendiam a se concentrar em aldeias estáveis, relativamente grandes, onde poderiam viver de mil a três mil indivíduos e, em alguns casos, até muito mais, os povos do interior organizavam-se em pequenos bandos de apenas algumas famílias, algo em torno de dezenas ou, no máximo, não muito mais que uma centena de indivíduos, o que lhes facultava uma grande mobilidade, raramente adotando um mesmo local de moradia permanente por mais que uma estação agrícola e, ainda durante tal período, com grande movimentação ao derredor[92].

---

[90] GONÇALVES, Ana Lúcia. Índios Pataxó invadem segundo parque em MG. *Jornal Folha de Guanhães* (Sucursal do Jornal Hoje em Dia), Guanhães, 28 jul. 2010. Disponível em: http://www.hojeemdia.com.br/cmlink/hoje-em-dia/minas/indios-pataxos-invadem-segundo-parque-em-mg-1.151024. Acesso em: 19 out. 2010.

[91] GONÇALVES, Ana Lúcia. Índios pataxó ocupam fazenda em Açucena. *Jornal Folha de Guanhães* (Sucursal do Jornal Hoje em Dia), Guanhães, 24 julho. 2010. Disponível em: http://www.hojeemdia.com.br/cmlink/hoje-em-dia/minas/indios-pataxo-ocupam-fazenda-em-acucena-1.149204. Acesso em: 19 out. 2010.

[92] SAMPAIO, José Augusto Laranjeiras. Breve história da presença indígena no extremo sul baiano e a questão do território pataxó do Monte Pascoal. Brasília: *XXII Reunião Brasileira de Antropologia*. Fórum de Pesquisa 3: Conflitos socioambientais e unidades de conservação, 2000.

Os "povos do interior" que Sampaio[93] se refere compreendem as etnias dos Botocudo, Puri, Kamakã, Maxakali e Pataxó. Seus agrupamentos de menor número estavam intimamente ligados ao nomadismo e à busca de caça e alimento.

> As pressões sofridas por estes grupos, resultantes do avanço da sociedade nacional refletiram-se diretamente sobre os seus padrões de vida. Tendo os seus territórios de caça e coleta invadidos e reduzidas as possibilidades de continuarem a manter condições adequadas de sobrevivência para sua população, intensificaram a mobilidade espacial. Provavelmente, também, acentuaram sua tendência ao fracionamento na medida em que a redução dos participantes de cada grupo era um fator estratégico importante na fuga, assim como, uma necessidade decorrente da redução de alimentos devido competição e ao desmatamento[94].

Desde seu primeiro aldeamento compulsório no século XIX os Pataxó passaram a desenvolver, como forma de sobrevivência, atividades agrícolas em geral, que reduziram significativamente a necessidade de caça e de migração. Contudo, seria temerário afirmar que os fracionamentos e as migrações ocorridas no passado recente estariam ligados a uma mera "herança cultural" nômade. Entretanto, à medida que os Pataxó se veem diante de uma escassez de terras e recursos naturais, associadas a um aumento populacional, as estruturas de agrupamentos por laços de parentesco (Figura 3) passam a assumir uma efetiva estratégia organizacional, em que as divisões em pequenas aldeias tornam-se uma alternativa funcional na busca de locais mais propícios ao seu modus vivendi.

---

[93] *Ibidem.*
[94] PARAÍSO, 1982, p. 110.

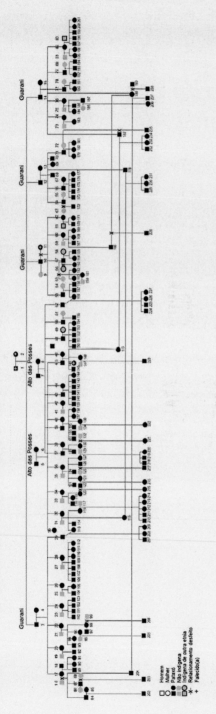

Figura 3 – Representação esquemática das relações de parentesco do Guarani e do Alto das Posses em 2010

Fonte: o autor

2.2 O GUARANI

No Guarani, os núcleos familiares vivem em casas de tijolos e alvenaria e possuem o recebimento de energia elétrica da Companhia Energética de Minas Gerais (CEMIG). A água potável vem do ribeirão Guarani do Monos[95] que percorre a área central da reserva e é acessada em uma caixa d'água comunitária que fica localizada nas proximidades da escola. Os Pataxó coletam essa água para suas casas por meio de galões e garrafas plásticas que são geralmente transportados por carrinhos de mão. A água encanada recebida nas casas é utilizada apenas para o banho, limpeza e irrigação dos quintais. Os dejetos de esgoto são despejados em fossas. O lixo é coletado semanalmente[96] pelo serviço de coleta sanitária da prefeitura de Carmésia. Algumas poucas casas são feitas de pau a pique e outras são remanescentes da antiga fazenda cafeeira que funcionava naquele local[97;98]. Os quintais das casas possuem uma diversidade enorme de legumes, hortaliças, plantas medicinais e árvores frutíferas. Os fundos das casas se confundem com o começo da mata que circunda a aldeia e que compreende um total de 3.269 hectares de reserva circunscrita nos limites territoriais dos municípios de Carmésia, Senhora do Porto e Dores de Guanhães[99].

Nas atividades agrícolas, destacam-se a produção de mel, a criação de peixes, a plantação de feijão, banana e, em menor escala, a criação de bovinos e a plantação de milho e café. Parte dessa produção é vendida para comerciantes da região e a outra é usada para consumo próprio. Nas refeições diárias das famílias verifica-se a presença de alimentos como: carnes de açougues, arroz, queijo, óleo, macarrão, farinha de trigo, açúcar, sal etc., que são comprados nas cidades circunvizinhas (Carmésia, Guanhães e Morro do Pilar). A farinha de mandioca, conhecida pelos Pataxó como farinha de puba, é trazida da Bahia e vendida pelos Pataxó que de lá vêm esporadicamente à aldeia rever seus parentes. A carne de caça, apesar de ser consumida eventualmente, também se faz presente e é muito apreciada pelos Pataxó. Essas caçadas são

---

[95] CARDOSO, 2008.

[96] No início do trabalho de campo a coleta de lixo era feita duas vezes por semana, nas terças e quintas feiras, entre 9 e 10 horas da manhã. Em meados do mês de julho de 2010 esse serviço passou a ser feito apenas nas quartas-feiras pela manhã.

[97] CARDOSO, 2008.

[98] Em 2010, o antigo sobrado onde ficavam instalados os chefes de posto da FUNAI, abrigava duas famílias, uma morando no andar superior e a outra no andar inferior. O prédio da antiga escola também abrigava outras duas famílias, uma delas, era a do cacique do Guarani.

[99] Informação concedida pelo site Terras Indígenas no Brasil. Disponível em: https://terrasindigenas.org.br/pt-br/terras-indigenas/3665. Acesso em: 4 jan. 2024.

feitas geralmente em grupos e as principais presas são gambás (saruê), porcos do mato (caititu), pombos, pássaros em geral, capivaras e tatus. Uma das famílias do Guarani possui uma espécie de "quitanda" onde são revendidos produtos como pães, roscas, bolachas, doces, balas, chicletes, pirulitos, chips, entre outros. O leite é fornecido diariamente pela prefeitura de Carmésia e distribuídos pelos funcionários da Fundação Nacional de Saúde (FUNASA) às famílias que possuem crianças; que é a maioria delas.

A Funasa também oferece atendimento à saúde por meio de um posto que fica localizado entre o Guarani e o Retirinho. Durante o trabalho de campo, outro posto de saúde estava sendo construído, em frente ao posto existente, com recursos, segundo informações dos próprios Pataxó, do governo federal e repassados pela prefeitura de Carmésia. A mão de obra dessa construção era constituída em sua maioria por integrantes das quatro aldeias da reserva. O serviço de transporte para hospitais e centros de saúde das cidades do entorno e aquelas que possuem melhores condições de atendimento, como Governador Valadares e Belo Horizonte, é feito por uma ambulância e uma caminhonete da Funasa. O motorista da ambulância, assim como a assistente do posto de saúde, são Pataxó.

Além da produção agrícola e os cargos ofertados nos serviços à saúde, boa parte dos Pataxó possui rendas mensais monetárias referentes aos cargos de professores, auxiliares de serviços gerais das escolas das aldeias, funcionários da prefeitura de Carmésia, aposentados do Instituto Nacional de Seguridade Nacional (INSS) e de bolsas de auxílio do Governo Federal. Outras fontes de renda são conseguidas por aqueles que trabalham nas casas de comércio da cidade de Carmésia e serviços temporários prestados para fazendeiros da região. No entanto, a principal fonte de renda da maioria das famílias pataxó se deve à produção, à venda e revenda de artesanato. Alguns Pataxó acumulam cargos e funções, tendo mais de uma fonte de renda mensal. Esse panorama econômico se reflete na estrutura doméstica de produtos industrializados como televisores, geladeiras, micro-ondas, máquinas de lavar roupa, aparelhos de som, bicicletas e computadores que podem ser vistos na maioria das casas. Veículos automotores como carros e motos também podem ser observados, mas em menor número.

A escola do Guarani atende as crianças desta aldeia e as do Alto das Posses. As outras duas aldeias, Retirinho e Imbiruçu, possuem escolas próprias. A Escola Estadual Pataxó Bacumuxá (EEPB), localizada no Guarani, é frequentada por alunos de 3 a 15 anos. Todos os funcionários e professores são Pataxó, porém a administração da escola é feita pela superintendência escolar do estado. Apesar de possuir escola própria, algumas crianças do Guarani estudam na escola da cidade de Carmésia. O transporte escolar dessas crianças é feito por um ônibus da prefeitura. O fato de algumas famílias optarem por matricularem seus filhos em uma escola fora da aldeia gera discordância entre algumas pessoas da aldeia. As famílias que fazem essa opção afirmam que não consideram o ensino de escola pataxó suficientemente bom. Como boa parte das famílias do Guarani possui integrantes que trabalham na escola da aldeia a presença de algumas crianças na escola da cidade gera insatisfação. Professores e funcionários queixam-se da falta de reconhecimento de alguns integrantes da aldeia e veem seus empregos ameaçados pela falta de demanda de alunos na escola. Apesar de existir uma discordância sobre esse assunto, essa divergência não gera grandes problemas ou rixas exacerbadas entre os integrantes da aldeia.

Outro aspecto que difere os integrantes do Guarani é a opção religiosa. Há pessoas que se reconhecem como evangélicas, como católicas e aquelas que optam por não seguir nenhuma doutrina religiosa. Existem também alguns seguidores da Auwê Heruwê, que segundo o cacique Akäike, é a religião de seus antepassados pataxó. Apesar dessa distinção, a influência da religião evangélica é a mais marcante de todas. Existe uma igreja da Assembleia de Deus dentro do Guarani, que foi construída pelos próprios Pataxó e que recebe frequentemente um pastor que reside em Carmésia que ministra os cultos todas as quartas-feiras e domingos. Vários grupos evangélicos frequentemente excursionam para a aldeia para realizar cultos, oficinas, organizar encontros e reuniões. O projeto Tairú é um exemplo de organização evangélica que mantém ligações com os Pataxó por meio de encontros esporádicos na aldeia. Outra ligação dessa missão evangélica com os Pataxó é pela assistência de moradia dada a alguns estudantes universitários evangélicos que estudam na cidade de Belo Horizonte. Aióã formou-se em Teologia em 2009, no Centro Universitário Izabela Hendrix, e hoje atua como pastor e missionário em sua aldeia. Aióã tem o intuito de fundar a primeira Igreja Evangélica Pataxó, que irá incorporar alguns elementos da cultura pataxó ao ensino do evangelho.

É nesse contexto diverso e contemporâneo que se constitui o cotidiano dos Pataxó, onde a participação e a agência de suas crianças são de fundamental importância. Nesse sentido, o que se relata a seguir é resultado de um olhar voltado para o engajamento das crianças pataxó em algumas das práticas sociais do Guarani com o intuito de revelar alguns aspectos fundantes do cotidiano pataxó.

3

O COTIDIANO DAS CRIANÇAS PATAXÓ

Neste capítulo estão relatados alguns aspectos das aprendizagens das crianças pataxó na caça, no trabalho agrícola, nas tarefas domésticas, no artesanato, no futebol e nas brincadeiras. Cada uma dessas práticas sociais presentes no Guarani revelam um conjunto extenso de habilidades das quais as crianças pataxó vão paulatinamente aprendendo à medida que participam e estabelecem relações com as mesmas, mas também com os sujeitos que dela fazem parte e o ambiente em que estão inseridos; tudo ao mesmo tempo.

3.1 O SARUÊ, A MATA E A CAÇA

Alguns dos episódios ocorridos na história dos Pataxó promoveram mudanças significativas nos seus hábitos de vida. A política de aldeamentos compulsórios que se iniciou no Brasil em meados do século XVIII[100] fez com que os Pataxó, assim como várias outras etnias, tivessem que reestruturar suas formas vida. Estando aldeados, diga-se confinados, os Pataxó passaram a defrontar-se com as dificuldades de conseguir seu alimento por meio da caça e da coleta. Essas práticas estavam intimamente ligadas ao nomadismo, característico dessa etnia[101], que permitia o deslocamento do grupo na busca por novas áreas para se instalar e alimentos para consumir. Com o passar do tempo esse panorama, associado ao forçoso contato com a sociedade nacional, fez com que progressivamente a caça e a coleta fossem substituídas pela criação de animais e cultivo de plantas. Porém, a caça não deixou de existir por completo; apenas foi reinventada.

Atualmente, a caça assume um aspecto ritualístico[102] e o desejo por essa prática é notado em adultos, jovens e crianças pataxó. Todos ficam eufóricos quando conseguem pegar uma "caça do mato"[103]. As investidas na mata são

---

[100] VERONEZ, 2008.

[101] PARAÍSO, 1982.

[102] Os Pataxó se referem à caça como uma forma de resgate da cultura de seu povo. Diacronicamente, avós, pais, tios veem na caça uma forma de preservação de uma herança deixada pelos seus antepassados e é nesse sentido que essa prática assume um caráter ritualístico.

[103] "Caça do mato", ou apenas "caça", são expressões nativas que se referem aos animais que são caçados.

frequentemente feitas em grupo e a presença das crianças é restrita apenas em casos muito específicos. Pode-se dizer que as caçadas[104] são práticas majoritariamente masculinas. No contexto pataxó existem diversas formas de caçadas e cada uma delas envolve processos, conhecimentos e habilidades muito apurados.

A pesca pode ser entendida como um tipo de caça, à medida que envolve a captura de um animal, o conhecimento sobre seus hábitos de vida e do meio ambiente em que vive. O tanque onde os Pataxó costumam pescar é rodeado por mato por quase todos os lados e sua água é turva e gelada. É possível ver que há alguns locais da "macega"[105] onde as pessoas costumam se acomodar para pescar. Os instrumentos mais comuns são as varas de bambu com linhas de nylon e anzol. Minhocas e massa de fubá são utilizadas como iscas. As minhocas são encontradas no entorno do tanque, em locais onde o solo é mais úmido e pouco compactado. A massa de fubá é uma mistura da farinha com água, que é manipulada até atingir uma liga consistente e pegajosa. Para um pescador inexperiente, o primeiro desafio da pesca é colocar a isca no anzol. O simples ato de fixar a minhoca ao anzol exige delicadeza e atenção para prender a isca suficientemente firme sem dilacerá-la completamente. Para um pescador veterano essa é a mais trivial das tarefas. Escolher os locais mais adequados do tanque para a pesca é também um fator decisivo. No tanque parece haver níveis de profundidade para o trânsito dos peixes que varia conforme os tipos de peixe, o clima e a época do ano.

> *Quando voltei da pescaria, Mandubí disse que no tempo de frio alguns peixes ficam 'amoitados' na lama do fundo do tanque. Por isso, que só conseguimos pescar lambaris e piabas, pois eles aguentam o frio. Nos meses mais quentes os peixes maiores como as tilápias sobem para próximo da beira e ficam mais fáceis de serem pescados.*
> Notas de campo, 26 de julho de 2009.

Se a isca estiver muito profunda ou próxima demais da superfície a pesca fica dificultada. É preciso encontrar o local do tanque e a profundidade certa para deixar a isca. No entanto, essa tarefa exige uma percepção apurada

---

[104] Em termos nativos, apenas "caça" se refere à prática de captura de um animal, mas também pode ser empregado para designar o próprio objeto da caça, ou seja, o animal. A utilização da expressão caçada por vez é utilizada no texto como forma de distinção do termo que se refere ao animal.

[105] Capim.

do pescador, pois, de maneira geral, não é possível estabelecer contato visual com os peixes. A vibração da vara de bambu informa ao pescador se a isca está sendo beliscada pelos peixes ou se algum deles a abocanhou. De todas as habilidades que um pescador pataxó precisa desempenhar para pegar um peixe talvez essa seja a que mais o diferencia de um pescador aprendiz. Ao tentar pescar alguns peixes passei inúmeras vezes pela situação de colocar o anzol na água e alguns minutos depois perceber que a minha isca havia sido comida. Observando Atxohã pescando, pude notar que, na sua maneira de pescar, não é preciso que um peixe desatento morda a isca e fique agarrado ao seu anzol para que ele possa tirá-lo da água. Ao menor sinal de mordida na isca, Atxohã faz um tranco curto e rápido para o lado sem tirar a isca de dentro d'água. A impressão que se tem é que esse movimento efetivamente fisga aquele peixe que apenas morde superficialmente a isca. Essas fisgadas extremamente sutis são praticamente imperceptíveis a um pescador iniciante. Associado a isso, existem falsos sinais que confundem o pescador. Quando a isca é movimentada dentro d'água pelo próprio pescador, ocorre uma vibração na vara de bambu, em virtude do arrasto gerado pela movimentação do objeto no meio aquoso, que se assemelha às fisgadas dos peixes. Fazer essas distinções e desempenhar tais tarefas na pescaria requer uma habilidade de agir perceptivelmente, ou um fazer sensível ao ambiente, e isso se constitui invariavelmente na prática[106].

O acesso das crianças pataxó à pesca ocorre desde a primeira infância. Entretanto, as formas de participação não estão isentas de hierarquias e relações de poder.

> À tarde pude presenciar uma cena muito interessante durante a pesca *no tanque. Itxai(7)[107] observava Miruã (10), Akehe (12), Atxohã e seu tio Genipektó pescando. O pequeno Itxai participou de diferentes formas da pescaria. Primeiro observou atentamente Akehe preparando a massa de farinha para servir de isca. Sua expressão facial inicialmente demonstrava nojo por aquela massa, mas depois de feita a liga, ele a pegou e ficou manipulando. Genipektó pegou uma piaba de uns 10 cm, jogou pra trás e disse:*
> *— 'Itxai, guarda o peixe aí'.*
> *O menino pegou o fundo de uma garrafa pet cortada, colocou na água e pôs o peixe lá dentro. Logo depois, o menino pegou uma*

---

[106] INGOLD, 2000.

[107] Ao longo do texto serão citadas as idades apenas de crianças e jovens até os 18 anos, para que se possa ter uma dimensão mais precisa das relações estabelecidas pelos sujeitos inseridos nessas categorias. Caso o nome venha se repetir em um mesmo registro, a idade estará suprimida a partir da segunda vez que a pessoa for citada.

> *vara e colocou uma isca. Seu irmão Miruã o interpelou, mas o*
> *menino "não deu ouvidos" e foi para o outro lado colocar seu anzol*
> *na água. Atxohã riu e comentou:*
> *— 'Olha o Itxai pescando!'*
> *O menino tentou pescar por uns cinco minutos, mas logo desistiu*
> *e foi para os pés de jabuticaba que ficavam próximo dali. Miruã*
> *se aproximou do lugar onde Genipektó estava pescando e ouviu*
> *uma repreenda do mesmo:*
> *— 'Lavai ele pegar o meu lugar. Não sabe nem pescar!'*
> *Notas de campo, 15 de outubro de 2009.*

Observar, manipular, auxiliar, imitar, experimentar são formas de participação e engajamento das crianças pataxó na pesca e em diversos tipos de caça. Esse movimento contínuo de trânsito pelas práticas é constituído pela assunção de tarefas e papéis. Quando o adulto pede para a criança guardar o peixe que foi pescado está afirmando que sua presença naquela prática é legítima[108]. Da mesma maneira, quando se faz uma repreensão à criança, essa percebe suas possibilidades de agência naquela prática.

A pescaria é feita também pelas crianças sem a presença de adultos. Quando estão sozinhas, parecem ficar mais à vontade para experimentar novas alternativas.

> *Miruã (11) estava indo pescar com Atxekô (10) quando me ofereci*
> *para acompanhá-los. Miruã pegou farelo de bolo em sua casa*
> *para usar como isca. Siriã, mãe de Miruã, não tinha consentido*
> *isso, mesmo assim o menino pegou o farelo de bolo escondido.*
> *Essa atitude deixou a mãe do menino um tanto irritada, quando*
> *descobriu a travessura do filho.*
> *No tanque, Miruã jogava os farelos de bolo na água para atrair os*
> *peixes e usava uma isca inusitada; polpa de jabuticaba. Perguntei*
> *a ele se essa isca pegava peixe mesmo e Miruã respondeu:*
> *— 'Sei lá'.*
> *Fiquei com a impressão que o garoto estava tentando inovar, uti-*
> *lizando uma isca diferente. Logo depois o menino fez um pequeno*
> *ajuste, pois avaliou que a isca estava muito grande.*
> *Notas de campo, 14 de outubro de 2009.*

Essas inovações e experimentações são elementos constituintes de uma comunidade que compartilha de diversas práticas que são passadas ao longo de várias gerações. Nessas transmissões, estão implícitas também transformações, e essa tensão existente entre o "tradicional" o "inovador" compõe o caráter dinâmico daquilo que convencionalmente chamamos de

---

[108] LAVE; WENGER, 1991.

cultura[109]. Segundo Lave e Wenger[110], as contradições inerentes entre continuidade e mudança são fundamentais para as relações sociais de produção e reprodução do trabalho. Os autores[111] acrescentam ainda que se a produção e reprodução social dos indivíduos estão mutuamente vinculadas à reprodução da ordem social, as contradições inerentes à reprodução social dos indivíduos dentro de um grupo doméstico ou de comunidades de prática não deixam de existir quando o modo de produção muda, mas mudam por meio de suas próprias transformações. Dito de outra forma, reprodução e transformação não são características opostas no processo de aprendizagem intergeracional, e, sim, complementares.

Figura 4 – Poleiro

Fonte: o autor

---

[109] LARAIA, Roque de Barros. *Cultura*: um conceito antropológico. 23. ed. Rio de Janeiro: Jorge Zahar, 2009.
[110] LAVE; WENGER, 1991.
[111] *Ibidem*.

O "poleiro" (Figura 4) é um tipo de caçada que envolve a tocaia dos animais. No cair da noite, os Pataxó se dirigem ao local onde os poleiros foram construídos previamente por eles e afixam espigas de milho e frutas para atrair os animais. Em seguida, sobem nos poleiros e permanecem por lá até que o primeiro animal apareça. Munidos de armas de fogo, costumam aguardar assentados e em silêncio até a noite ou madrugada. Nesse tipo de caçada as crianças não costumam acompanhar os adultos.

Em outros tipos de caçada a presença das crianças ocorre com maior frequência. Na caça ao "saruê"[112] as crianças acompanham os adultos e se mostram atentas aos sinais que os levam até o ninho do animal. O saruê costuma alocar-se no interior dos troncos ou em murundus construídos com gravetos e folhas secas na copa das árvores. Penas de galinhas são pistas que indicam a proximidade desses ninhos, pois essas aves são uma importante fonte de alimento dos saruês. Quando encontram o animal escondido dentro do ninho, os Pataxó se organizam de forma que uns tentam tirar o bicho, enquanto os outros ficam à sua espera para surpreendê-lo com facões, paus, pedras ou armas de fogo. As crianças participam desse processo observando, opinando e, às vezes, munem-se de alguns objetos para auxiliar no abatimento do animal. Quando é necessário seguir o saruê pela mata, os cachorros são grandes aliados dos Pataxó.

A população de cães no Guarani é consideravelmente grande. Há aqueles que são domésticos e os que fazem a proteção das casas, mas os cães com maior prestígio social são os caçadores. A atuação desses animais nas caçadas ocorre de diversas formas. Quando uma "caça" é atingida a distância por um tiro de arma do fogo ou de estilingue os cachorros saem em disparada à procura da presa abatida. Se o bicho está fugindo em meio à mata os Pataxó atiçam os cachorros com gritos e palmas e os cães correm em disparada e ficam em estado de alerta, com orelhas e rabos empinados.

> Voltávamos do posto de saúde quando começamos a ouvir latidos e uivos de cachorros. Mais à frente pudemos avistar uma aglomeração de pessoas agitadas. Um "gato do mato"[113] havia atacado uma galinha. Adultos e crianças se embrenharam no mato com os cachorros para pegá-lo. Txobharé, a dona da galinha, estava da estrada emitindo um som alto e agudo com a boca e também batia palmas. Kamarú disse que eles fazem isso para atiçar os cachorros.

---

[112] Gambá.

[113] Gato do mato é o nome dado pelos Pataxó à jaguatirica.

APRENDIZAGEM PELOS "FAZERES-SENTIDOS": AS PRÁTICAS COTIDIANAS DAS CRIANÇAS PATAXÓ

> *Desta vez, conseguiram recuperar a galinha morta com uma bocada*
> *no pescoço, mas o suposto felino fugiu.*
> Notas de campo, 22 de julho de 2009.

A caça aos pássaros pode ser feita com o intuito de abatê-los, "peloteando"[114] ou por meio de armadilhas, para pegar o animal ainda vivo. Na primeira, a presença dos adultos é restrita e os grupos de caçadores são formados majoritariamente por crianças. Essas, por sua vez, demonstram conhecer bem os locais onde esses animais costumam circular ou ficar mais vulneráveis. Fato semelhante foi ser observado por Codonho[115] ao realizar várias andanças pelas matas na companhia das crianças Galibi-Marworno no Amapá. Um repertório de espécies de animais é apreendido paulatinamente, visto que é bastante comum ver bandos de meninos com estilingues, por eles chamados de "baladeiras", arcos e flechas na mão mirando em aves, répteis e anfíbios. Com isso, aprende-se onde esses bichos preferem se esconder e como e quando se torna mais fácil capturá-los[116]. Entre os pataxó, esse conhecimento da rotina e dos hábitos dos animais é também primordial no sucesso da caçada.

> *No final da tarde, fomos caçar passarinho com estilingue em um*
> *bambuzal próximo ao campo de futebol. Chegando lá, Akehe (13)*
> *perguntou para mim: — Quer ficar aí?*
> *Respondi:*
> — Não, eu vou *também!*
> *Em seguida, ele repetiu a mesma pergunta. Aí percebi que era*
> *pra eu ficar mais afastado pra não espantar os pássaros. Fiquei*
> *dali observando. De repente, o menino acertou um pássaro, que*
> *caiu, mas antes de atingir ao solo, conseguiu se recuperar e voar*
> *novamente. Depois de algumas tentativas, o menino comentou*
> *que no entardecer os pássaros vão dormir no bambuzal e ficam*
> *mais fáceis de serem peloteados.*
> Notas de campo, 23 de abril de 2010.

A presença de adultos nesse tipo de caçada é rara, pois algumas pessoas na aldeia não concordam com esse tipo abatimento dos pássaros. Nesse sentido, a caçada de passarinhos assume um status de travessura. Quando percebem que podem ser vistos, os meninos escondem seus estilingues e

---

[114] Ato de atirar pedras ou "pelotas" com estilingue.

[115] CODONHO, Camila Guedes. Ensinando e aprendendo entre crianças: exemplos a partir de uma pesquisa de campo entre os índios Galibi-Marworno do Amapá. 33ª ENCONTRO ANUAL DA ANPOCS, Caxambu, 2009. *Anais* [...]. Caxambu, 2009.

[116] CODONHO, 2009.

embornais[117] para evitar repreensões. Apesar disso, a proibição não é unânime, pois muitos meninos levam os passarinhos abatidos para suas mães para prepará-los nas refeições. O que as próprias crianças reconhecem é que os passarinhos só devem ser mortos se forem para servir de alimento. Por isso, não atiram por diversão ou em filhotes. Essa premissa é válida para outros animais e está intimamente ligada ao desejo de preservação dos animais, ratificado na existência do mito da *Hamãy*. Essa entidade é considerada pelos pataxó como a mãe da mata. Segundo dizem, quando alguém faz algum tipo de maldade com as plantas ou animais, a *Hamay* aparece na forma de uma mulher ou de um animal muito bonito e atrai o malfeitor para dentro da mata até deixá-lo completamente perdido.

Figura 5 – Estilingue

Fonte: o autor

---

[117] Pequena bolsa de alça única carregada nos ombros, feita de retalhos de tecido, em geral retirados de roupa de jeans, onde são colocadas as pedrinhas que servirão de munição para o estilingue.

A construção do estilingue (Figura 5) também é feita pelas crianças. A goma de soro é o único item do instrumento que precisa ser comprado, e na cidade de Carmésia é vendida por valores módicos. As tiras de borracha que são utilizadas para fazer as amarrações dos componentes do estilingue são retiradas de pneus velhos ou de câmaras de ar. O couro, onde se coloca a pelota, é retirado de bolas furadas de futebol, mas, às vezes, utilizam-se pedaços de tecido grosso, como o jeans. O "gancho", armação de madeira em formato de Y que compõe o estilingue, é retirado de goiabeiras. Os meninos só retiram o gancho cujos prolongamentos das galhas estejam crescidos na mesma direção. Do contrário, mesmo se as galhas estiverem próximas, mas se afastarem em seu prolongamento, a bifurcação da galha não é considerada apropriada para ser utilizada como gancho. Para retirar das árvores e acertar essa peça do estilingue os meninos utilizam habilmente seus facões. Nas duas pontas superiores do gancho de madeira eles colocam um pequeno pedaço de pano para evitar que a goma de soro se atrite com a madeira e se rompa com rapidez. A goma de soro é pressa ao gancho de madeira por tiras de borracha. No couro, onde as pelotas colocadas, são feitos dois buracos, um de cada lado, onde as gomas de soro são pressas.

Figura 6 – Arapuca

A   B

Fonte: o autor

Figura 7 – Desenho esquemático da construção da arapuca

Fonte: o autor

As armadilhas também são muito utilizadas para captura de animais. Cada uma delas é feita para um tipo de animal e a escolha do local onde será colocada depende dos hábitos de vida da presa. As "arapucas" (Figura 6A) são feitas com tiras de bambu e barbante que são trançados perpendicularmente até formar uma pequena armação piramidal (Figura 7). O dispositivo que sustenta a arapuca é formado por uma amarração de pequenos galhos (Figura 6B). Quando o pássaro se apoia na cobertura de gravetos para pegar os grãos de milho, o sistema é disparado e a pirâmide de bambu cai sobre o animal mantendo-o preso. As arapucas são colocadas próximas a plantações, pois ali os pássaros costumam pousar para procurar seu alimento.

> Pela manhã acompanhei Tapitá (13) e seu irmão Miruã (10) até a plantação de feijão onde seu pai estava trabalhando. Nosso objetivo era armar algumas arapucas para capturar passarinhos. Quando começamos a construí-las, os meninos perceberam que o bambu que havíamos levado não seria suficiente. Resolveram então, entrar no bambuzal que havia próximo dali e buscar mais bambu. Nesse intervalo de tempo, fiquei na plantação e pude ver Kutxiã, pai dos meninos, interromper seu trabalho com o feijão e iniciar a feitura da arapuca com as lascas de bambu que havíamos levado. Quando os meninos voltaram, Miruã finalizou a arapuca que seu pai havia começado e Tapitá começou a construir uma segunda. Quando Tapitá começou a fazer a armação, seu pai interveio dizendo que o comprimento do barbante estava muito grande. O menino corrigiu o erro e começamos a encaixar os gravetos de bambu. Kutxiã fazia intervenções na arapuca e os meninos observavam com atenção as ações de seu pai. Miruã ajudou Kutxiã a camuflar o graveto do interior da arapuca, mas foi preciso seu pai orientá-lo, pois o menino não o fazia com a delicadeza necessária. Tapitá e eu fomos armar a segunda arapuca no local sugerido por Kutxiã, próximo ao coqueiro. O menino teve dificuldade para armar a arapuca e eu tão pouco sabia como fazê-lo, mas logo Miruã, que acabará de ajudar seu pai a armar à primeira, chegou para ajudar na confecção da segunda. Notas de campo, 28 de julho de 2009.

A construção dessas armadilhas são conhecimentos passados ao longo de várias gerações e sua aprendizagem envolve um processo de participação atenta por parte das crianças. Nessa prática compartilhada, descrita nota de campo anterior, o que se nota claramente é a disposição do pai em ajudar seus filhos na confecção da arapuca. A interrupção do trabalho na lavoura do feijão para ajudar seus filhos revela uma disposição do adulto para o aprendizado da criança. Carvalho[118] faz uma constatação semelhante também entre os pataxó do Imbiruçu, quando observa o cacique ensinando pacientemente as crianças a separarem as mandiocas ruins, que foram colhidas na roça, para construírem burrinhos de mandioca.

Figura 8 – Quebra

Fonte: o autor

Existem outros tipos de armadilhas que não apenas capturam, mas abatem os animais. Essas são colocadas nas trilhas e trajetos em que os animais percorrem ao longo da mata. O "quebra" (Figura 8) é uma armadilha

---
[118] CARVALHO, 2007.

construída, em geral, na beira de riachos, onde alguns animais costumam descer para beber água.

Figura 9 – Desenho esquemático da construção do quebra

Fonte: o autor

Essa armadilha é constituída por várias estacas de madeira fincadas no chão que formam um pequeno cercado em formato de U, coberto de folhas e preenchido com grãos de milho (Figura 9). Na porta do cercado de estacas fica um dispositivo feito com galhos de árvore amarrados entre si, que é acionado quando o animal tenta entrar no cercado para pegar as sementes de milho e pisa no graveto menor, que fica rente ao chão. A tora de madeira, que fica fixada ao chão por estacas em formato de Y se solta e bate violentamente contra o animal que está imediatamente abaixo dela. Animais de pequeno porte como saracura, preá, rato puba, e teiú costumam ser pegos nessas armadilhas.

Na mata, existe uma variedade de agentes (vivos e inanimados) que oferecem uma multiplicidade de informações aos sujeitos que nela se aventuram. Orientar-se nesse ambiente significa estabelecer relações com cheiros, temperaturas, ruídos, marcas, ou seja, um conjunto infindável de elementos.

> Estava acompanhando Mandubí, um experiente caçador, em uma investida na mata. Enquanto eu estava preocupado em não pisar em nenhuma cobra, olhando quase o tempo todo para o chão, Mandubí prestava a atenção nos sons que vinham da mata, nas marcas deixadas por animais e nos cheiros; quando dizia:
> — 'Tem um bicho morto por aqui.'
> Notas de campo, 24 de julho de 2009.

Essa habilidade constitui-se em um fazer sensível que não é uma operação "dentro-da-cabeça", executada sobre o material bruto das sensações, mas ocorre em relações, que perpassam as fronteiras entre cérebro, corpo e mundo[119]. Para caçadores experientes, a mata é um local constituído por história de idas e vindas e sua habilidade de perceber-se nesse ambiente é afinada por suas experiências, que possibilitam um ajuste contínuo de suas ações em resposta ao monitoramento perceptivo do seu entorno[120]. O emaranhado de trilhas e passagens feitas por pessoas e animais não dizem nada aos "ouvidos e olhos" de um forasteiro inexperiente.

> *Akehe (13) e eu adentramos a mata da cutia, que circunda o Guarani, em busca de uma armadilha que havia sido preparada no dia anterior. Quando a encontramos estava desarmada, mas não havia sinais de sangue ou pegada de animais. Ao retornarmos, tomei a dianteira no caminho. Após alguns metros, Akehe alertou-me:*
> *— É por aqui ó. Tá passando direto? (risos).*
> *Notas de campo, 23 de abril de 2010.*

Nessa ocasião, a trilha parecia estar tão clara e nítida para o menino, que ao me interpelar, se referiu como se eu tivesse passado por uma porta aberta. Esses caminhos e trajetos são amplamente conhecidos pelos Pataxó, que os percorrem diariamente. Esses conhecimentos a respeito da mata, dos animais e das plantas são relatados por Codonho[121] entre as crianças Galibi-Marworno. Segundo a autora, os saberes referentes à fauna e à flora são, entre as crianças desse grupo, de fato compartilhados e muito presentes em seus cotidianos, e isso fica bastante evidente nas constantes manipulações que fazem de plantas, frutas, sementes e animais em suas residências, nas caminhadas pela aldeia e pela mata, enfim, nos ambientes por elas frequentados[122].

Essas idas e vindas à mata se transformam em histórias, que são contadas em conversas informais nas rodas de conversa e na beirada das fogueiras. Nesse sentido, para os Pataxó, "descobrir-caminho" pela mata não é uma tarefa que se assemelha a um deslocamento em uma rota de uma posição espacial para outra, mas um movimento no tempo, mais parecido como tocar música ou contar histórias do que como ler um mapa[123].

Essa fundamental relação entre sujeito e ambiente, ou melhor, caçador e mata, se amplia no vínculo estabelecido entre caçador e presa. A aparência,

---

[119] INGOLD, Tim. Pare, olhe e escute. Tradução de Ligia Maria Venturini *et al. Ponto Urbe*, ano 2, versão 3.0, 2008.

[120] INGOLD, Tim. Da transmissão de representações à educação da atenção. Tradução de José Fonseca. *Educação*, Porto Alegre, v. 33, n. 1, p. 6-25, 2010.

[121] CODONHO, 2009.

[122] *Ibidem.*

[123] INGOLD, Tim. The 4A's (Anthropology, Archaeology, Art and Architecture): reflections on a teaching and learning experience. *Ways of Knowing Conference.* University of St Andrews, Scotland, jan. 15, 2015.

os sons, o gosto, os hábitos e as formas de vidas dos animais são aprendidos e incorporados pelos caçadores pataxó.

> *Estávamos conversando ao pé de uma mangueira, quando Aió (15) viu um buraco no tronco da árvore cheio de folha secas. Rapidamente o rapaz concluiu:*
> *— Deve ter um saruê aí.*
> *Alguém questionou sua observação e o rapaz retrucou.*
> *— Como é que você acha que essas folhas foram para aí. Caindo da árvore?*
> *Notas de campo, 16 de julho de 2010.*

Nesse momento, Aió (15) demonstrou ser capaz de fazer uma elucidação coerente sobre a conformação daquele suposto ninho tomando por base seus conhecimentos sobre os hábitos de vida daquele animal.

Essa habilidade de fazer relações e perceber os indícios do seu entorno se expressam taciturnamente no modus operandi do caçador pataxó. Constituir-se caçador envolve complexos conhecimentos que são experimentados e compartilhados pelos sujeitos que fazem uso e participam dessa prática, ainda que perifericamente, desde infância até a vida adulta, por meio de um processo contínuo de "educação da atenção".[124]

3.2 A ENXADA, A ROÇA E O TRABALHO AGRÍCOLA

As sucessivas tentativas de aldeamentos no século passado associadas ao contato compulsório com a sociedade nacional ocasionaram em uma incorporação de atividades agrícolas pelos pataxó. Atualmente, é possível observar uma diversidade dessas práticas no Guarani, desde as mais tradicionais formas de cultivo manual de grãos até algumas técnicas agrícolas modernas que envolvem maquinário apropriado, como a apicultura.

O cultivo de feijão envolve um conjunto de tarefas que vai da preparação do solo à semeadura, finalizando com a colheita e preparação do grão. A limpeza do solo geralmente é feita manualmente, utilizando enxadas e foices. A semeadura dos grãos ocorre em geral nos meses de março e abril. De junho a julho inicia-se o processo de colheita, onde cada pé de feijão é arrancado à mão. Feita em grupo, essa tarefa leva de dois a três dias para ser concluída, dependendo do tamanho da plantação e do número de pessoas envolvidas. Há sempre uma pessoa responsável pela plantação, que geralmente é o dono daquele roçado, que organiza e empreende as tarefas e que

---

[124] *Idem*, p. 109.

terá a posse da produção final. Os demais ajudantes recebem retribuições distintas desse proprietário, conforme seu nível de envolvimento. Aqueles que fazem uma ajuda sistemática recebem parte da produção como forma de pagamento. Aos demais, que participam de maneira mais esporádica, o almoço do dia serve como pagamento pelo serviço. Nesse tipo de tarefa, é notável o sentimento de gentileza e ajuda mútua entre os pataxó.

A colheita do feijão coincide com o período de férias escolares, o que facilita a presença das crianças nessa tarefa. Entretanto, a forma de participação de cada uma delas ocorre de maneira diferenciada.

> *Por volta de 7:30, Tapitá (13) me chamou para trabalhar no roçado de feijão com seu pai. Iniciamos a caminhada até o local da plantação e levamos aproximadamente 45 minutos para chegar. Lá estavam o pai do menino, outros quatro adultos, Akehe (12) e Itxai (6). O caçula da turma observava aos demais assentado em uma enorme pedra. Logo que cheguei, Akehe tratou de me inserir na atividade dizendo:*
> *"— Pode começar a arrancar por aqui".*
> *Logo que comecei a colher os pés de feijão Tapitá alertou-me:*
> *"— Quando você for fazer o monte deixa as raízes sempre viradas pra cá".*
> *Naquele momento não entendi o motivo daquilo, mas percebi que os montes dos outros também eram do jeito que ele havia me instruído. Passado algum tempo, Tapitá e Akehe interromperam o trabalho e saíram com seus estilingues para caçar passarinhos na mata ao lado.*
> *Notas de campo, 24 de julho de 2009.*

A presença dos meninos naquela atividade é permeada por uma legitimidade isenta de obrigação. Existe um nítido desejo dos pais que seus filhos participem das atividades, ainda que apenas observando, como no caso do pequeno Itxai (7). No entanto, a interrupção das tarefas executadas pelas crianças não é acompanhada de reprimendas por parte dos adultos. O conhecimento expresso pelos meninos sobre as minúcias do procedimento de coleta dos pés de feijão indica certa eficiência nesse processo paulatino de engajamento na prática.

Figura 10 – Carregando os pés de feijão

Fonte: o autor

    Apenas no final do dia consegui compreender os motivos pelos quais os Pataxó ajuntavam seus montes de pés de feijão em um mesmo sentido — paralelamente organizados, como Tapitá (14) havia dito na nota de campo citada anteriormente. Quando começamos a recolher esses montes, ao longo da plantação, pude perceber que os pés de feijão são enrolados (Figura 10A), semelhante ao que se faz quando se enrola um tapete, aglutinando-os em grandes grupos para serem transportados nos ombros (Figura 10B). Esse manejo permite que uma grande quantidade de pés seja transportada de uma só vez. Após serem totalmente arrancados, os pés de feijão são deixados ao sol para secar.

Figura 11 – Batendo os pés de feijão

Fonte: o autor

Na etapa seguinte da colheita o feijão é "batido". É nesse processo que ocorre a retirada dos grãos de dentro das vagens. Os montes são colocados dentro de um arado de bambu cercado de lona onde são golpeados com varas para soltar os grãos (Figura 11). Esse arado funciona como uma peneira onde apenas os grãos de feijão conseguem passar e cair em outra lona que fica logo abaixo.

Depois de seco e batido o feijão é ensacado e dividido entre seus produtores. A produção de feijão é feita para o consumo próprio e raramente ocorre um excedente suficiente para ser vendido para pessoas de fora da aldeia. Os Pataxó também plantam banana, café, mandioca, mexerica, laranja, limão, cacau, jaca, jabuticaba, carambola, mamão e diversas outras árvores frutíferas. Dessas, apenas a banana é cultivada em larga escala para serem vendidas aos comerciantes das cidades circunvizinhas.

A piscicultura é feita em tanques onde são criados três tipos de peixes: a carpa-capim, a tilápia e o matrinchã. A priori, o intuito dos Pataxó era criar os peixes para vender para os frigoríficos. No entanto, ao fazer uma consulta breve aos Pataxó, um funcionário da Emater informou que os tipos de peixes que estavam sendo criados ali não atenderiam a demanda comercial da região. Desde junho de 2010 os peixes passaram a ser vendidos para as próprias famílias pataxó, tanto do Guarani quanto das demais aldeias. Dos nove tanques construídos, três funcionam efetivamente e são divididos entre as famílias de Akäike, Mikay e Kumúhuá. Uma queixa constante desses produtores são os preços da ração utilizada para alimentar os peixes. Kumúhuá havia dito ao sobrinho, Akäike, que só conseguiram uma boa margem de lucro se começassem a produzir sua própria ração.

A tarefa de alimentar os peixes é dividida entre os integrantes das famílias que possuem os tanques. Akäike é casado com a jovem Biára e possuem um filho de dois anos, Bugaí. O pequeno Bugaí sempre acompanha seus pais nessa tarefa e, apesar da pouca idade, sabe exatamente o caminho da sua casa até o tanque.

> *Pela manhã, vi Akäike passando com um balde cheio de ração para alimentar os peixes do tanque. Logo depois, sua esposa Biára e seu filho Bugaí (2) foram caminhando em direção ao tanque. O menino caminhava segurando o balde pela alça, arrastando-o pelo chão. O mais interessante daquela cena era que a mãe seguia pacientemente seu filho e este sabia exatamente o caminho até o tanque. Notas de campo, 22 de junho de 2010.*

Algo intrigante entre os Pataxó é a disponibilidade que os adultos demonstram para a vivência e a aprendizagem de seus filhos das práticas cotidianas. Na nota anterior, ao perceber que seu filho havia tomado a dianteira do caminho, a mãe seguiu o menino pacientemente até que ambos completassem o percurso; tudo no ritmo da criança. Essa característica já havia sido relatada por Carvalho[125] em sua pesquisa com as crianças pataxó do Imbiruçu. O autor descreve que a relação entre adultos e crianças é construída com paciência, sensibilidade e atenção aos tempos da criança.[126]

Esse engajamento nas práticas cotidianas inicia-se na infância e ganha contornos mais claros e evidentes na adolescência. Kawatá (15), filho de Mikay, alimenta os peixes do tanque de seu pai diariamente. Os peixes devem ser alimentados duas vezes ao dia para garantir seu crescimento esperado. Quando Mikay viaja para vender artesanato seu filho assume integralmente a incumbência por essa tarefa. Essa atribuição gradual de responsabilidades

---

[125] CARVALHO, 2007.
[126] *Ibidem.*

contribui para o importante processo de constituição da identidade dos jovens pataxó enquanto participantes plenos nas práticas sociais do seu dia a dia. Nesse sentido, Lave e Wenger[127] afirmam que podemos analisar formas cambiantes de participação e de identidade de pessoas que se envolvem em uma participação sustentada em uma comunidade de prática, desde seu ingresso como novato, passando pela sua transformação como veterano em relação aos novos iniciantes, até o momento em que os aprendizes se reconhecem e são reconhecidos como veteranos.

Na criação de galinhas, a assunção dessas identidades se revela na atribuição de posse das galinhas dadas às crianças. Essa é uma forma de conferir legitimidade e inserir as crianças nas tarefas de criação das aves.

> No final de tarde, Kukoín (11) e Aióira (12) passaram por mim carregando um aro redondo com uma rede. Perguntei aonde eles iriam e responderam que estavam a caminho da casa do tio deles pegar galinha. Kumúhuá, pai de Kukoín, vinha como sua outra filha logo atrás. Aióira comentou que o galo dele tinha brigado e por isso estava machucado. Esse fato me chamou a atenção, pois não esperava que as crianças fossem donas de alguns animais. Perguntei para Aióira:
> — Quantos galos você tem?
> O menino respondeu:
> — Uns dois.
> — E galinhas?
> — Três.
> Kukoín disse:
> — Eu tenho cinco galinhas.
> A menina Kutué (8), que acompanhava seu pai logo atrás, completou:
> — Eu tenho oito.
> Notas de campo, 26 de abril de 2010.

Os galos e as galinhas são criados em galinheiros feitos de bambu, mas circulam soltos pela aldeia. A produção dessas aves é feita com a finalidade única de consumo doméstico. O mesmo ocorre com bois e vacas. São poucas as famílias que fazem a criação de bovinos. Aqueles existentes vivem soltos pelas matas e em pastos do Guarani e adjacências.

---

[127] LAVE; WENGER, 1991.

A retirada do leite das vacas é feita em um curral de bambu com seis metros de largura por quatro de comprimento e possui um brete[128] pequeno onde o animal é colocado durante a ordenha. Tapitá (14) frequentemente retira leite da vaca pela manhã para sua família. O menino demonstra destreza e habilidade no trato com o animal. Ao fazer a amarração do bovino utiliza um nó que passa por cima do fuço do animal para evitar que se enforque quando a corda é puxada. Quando vai amarrar as pernas da vaca, Tapitá evita se aproximar muito do animal para não levar um coice ou pisão. Quando a vaca está "escondendo o leite"[129], o menino sabiamente pega o bezerro e o coloca perto da teta da vaca para induzir o animal a soltar o leite durante a ordenha. É interessante essa relação que Tapitá estabelece com os bovinos, atribuindo intenção e sentido às ações dos animais. Sobre essa relação entre humanos e outros animais, Ingold[130] exemplifica por meio da prática do pastoreio, afirmando que, embora os pastores estabeleçam relações bem diferentes com os animais daquelas estabelecidas por caçadores, eles também partem da mesma premissa fundamental de que os animais são, como nós seres humanos, dotados de sensibilidade e ação intencionada que devem ser reconhecidas, tanto na caça quanto na pecuária.

Essas atitudes dos animais são sempre observadas com atenção pelos Pataxó e por meio delas aprende-se a modular ações e os comportamentos no trato com os seres não humanos. Puhuy (10) alertou-me para um comportamento característico do bezerro no momento da amamentação.

> *Enquanto Tapitá (14) ordenhava o animal, Puhuy (10) disse que o bezerro tinha o costume de dar umas cabeçadas na teta da vaca durante a mamada. Fiquei prestando a atenção para ver se aquilo iria mesmo acontecer. Depois que Tapitá tirou o leite e soltou o filhote, o bezerro fez exatamente como o menino havia dito. Ficou nítido que essa atitude estava relacionada a um 'pedido' de leite por parte do bezerro à sua progenitora.*
> *Notas de campo, 27 de junho de 2010.*

De todas as atividades agrícolas desempenhadas no Guarani, a apicultura é a que mais demanda uma infraestrutura mais sofisticada. Segundo Aióã, essa prática foi introduzida entre os Pataxó por meio de uma parceria entre o governo federal, pelo programa Pró-Renda Rural, e uma ONG alemã

---

[128] Local de contenção ou imobilização de animais com objetivo de alguma prática de manejo como aplicação de vacinas, medicamentos ou ordenha.

[129] Segundo Tapitá (14), é comum a vaca segurar o leite durante a ordenha para guardá-lo ao seu filhote.

[130] INGOLD, 2000.

chamada GIZ[131] que financiou a compra do material e disponibilizou um curso de formação.

Figura 12 – Instrumentos de apicultura

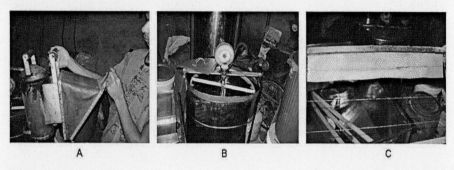

Fonte: o autor

Desde então os Pataxó vêm criando dois tipos de abelha, a europeia e a africana. Dessas, a africana é considerada a mais agressiva. Segundo Aió (15), quando estão muito nervosas não é aconselhado mexer nas caixas das abelhas porque quando elas dão uma ferroada perdem os ferrões e morrem. Para se aproximar das caixas de madeira onde o mel é produzido, os Pataxó utilizam um fumegador (Figura 12A), que funciona com serragem e brasa e expele uma fumaça que acalma as abelhas. Essas caixas possuem compartimentos com funções distintas. Na parte inferior fica a caixa de cria, na qual a abelha rainha deposita seus ovos. As caixas superiores são chamadas de melgueiras (Figura 12C) e são nelas que o mel é produzido. Em ambas as caixas são colocadas ceras pré-fabricadas para facilitar a produção das abelhas. As melgueiras têm tamanhos menores e são colocadas em maior número; entorno de três ou quatro. Quando chega o momento de colher o mel essas peças são retiradas e colocadas em uma máquina de centrífuga (Figura 12B). Nela o mel é separado das peças de madeira e das ceras. Para atrair as abelhas para as caixas utiliza-se uma mistura de própolis, erva

---

[131] Segundo o site do governo federal, a *Deutsche Gesellschaft für Internationale Zusammenarbeit* (GIZ) é uma empresa de utilidade pública do Governo da República Federal da Alemanha com atuação voltada à cooperação internacional para o desenvolvimento sustentável, tendo desenvolvido atividades no Brasil, no âmbito da Proteção do Meio Ambiente e Manejo Sustentável dos Recursos Naturais, da Proteção do Clima, de Energias Renováveis e Eficiência Energética e da Cooperação Triangular. Disponível em: https://www.gov.br/antaq/pt-br/assuntos/atuacao-internacional/cooperacao-aquaviaria-internacional-1/cooperacao=-antaq-brasil-e-giz-alemanha#:~:text-A%20Deutsche%20Gesellschaft%20f%C3%BCr%20Internationale,do%20Meio%20Ambiente%20e%20Manejo. Acesso em: 20 set. 2023.

cidreira e álcool, chamada pelos Pataxó de feromônio. Essa mistura é batida no liquidificador e espalhada por toda a caixa onde se formará a colmeia.

Tal atividade foi registrada durante o trabalho de campo de maneira indireta, ou seja, sem observação in loco do manejo das abelhas. Tais informações foram obtidas a partir de uma longa conversa com Aió (15), um jovem pataxó que trabalha com seu irmão mais velho Aióã na produção de mel. Quando perguntei a ele se havia feito o curso ofertado pela ONG alemã, Aió respondeu negativamente. Naquela época, o rapaz era muito novo. Nesse sentido, é possível afirmar que todo o conhecimento demonstrado pelo rapaz sobre apicultura tenha sido aprendido de outras maneiras.

Essas formas de aprendizagem das crianças e jovens pataxó nas atividades agrícolas se dão por um envolvimento gradativo na prática. O constituir-se apicultor, piscicultor, agricultor, entre outros, se dá por um complexo processo de aprendizagem que se origina do cotidiano. O entendimento do termo cotidiano aqui exposto fundamenta-se na noção descrita por Lave[132] de que a aprendizagem se constitui no envolvimento contínuo e parcial dos sujeitos nas mudanças em curso das práticas sociais da vida cotidiana.

3.3 O FOGÃO, A CASA E AS TAREFAS DOMÉSTICAS

Inúmeras práticas desempenhadas pelos Pataxó cotidianamente ocorrem no espaço circunscrito às suas casas. Dentre essas, destaco tarefas como cozinhar, cuidar dos irmãos mais novos, buscar água para beber, levar recados, limpar o terreiro, capinar, cuidar da horta, entre outras. Em todas essas, a presença das crianças é fundamental, pois quando não atuam como protagonistas participam perifericamente na execução de um conjunto infindável de tarefas primordiais ao cotidiano de seus lares.

As casas do Guarani são constituídas basicamente por três tipos de construções: casas antigas, remanescentes da antiga fazenda cafeeira instalada naquele local no começo do século XX[133], casas de alvenaria, construídas com tijolos e cimento e casas de pau a pique, feitas com tramas de bambu e barro. Todas as construções possuem um formato retangular com telhados coloniais, energia elétrica, saneamento feito por fossa e ficam dispostas na beira da estrada de terra que liga a aldeia à rodovia MG-232, em um formato arruado.

---

[132] LAVE, Jean. The politics of learning in everyday life. *In*: ICOS SEMINARS, 10, 1999, Ann Arbor. *Anais [...]*. Ann Arbor: University of Michigan, 1999.

[133] CARDOSO, 2008.

Figura 13 – Construindo uma casa de pau a pique

A   B

Fonte: o autor

As casas de pau a pique não são numerosas, mas algumas famílias optam por esse tipo de construção por ser menos dispendiosa e ter sua matéria-prima disponível na própria aldeia. Esse tipo de construção é feito geralmente em mutirões e a organização e o envolvimento dos Pataxó são notáveis. Na primeira etapa de sua construção são colocadas as toras de madeira, que funcionam como pilares e vigas, e as tramas de bambu, para fazer a vedação dos cômodos. O telhado geralmente é feito com telhas coloniais ou placas de amianto.

Na segunda etapa são feitas a preparação do barro e o preenchimento das tramas de bambu (Figura 13 A e B). Esse barro é feito de uma mistura de terra e água, preparado por meio de um processo de pisoteamento. Essa tarefa envolve um movimento ritmado de pisadas na lama, feito por inúmeras pessoas ao mesmo tempo. Essa prática costuma despertar o interesse das crianças.

Enquanto umas pessoas preparavam o barro amassando-o com os pés, outras ficavam incumbidas de fixá-lo nas treliças de bambu para fazer o fechamento das paredes. Para me inserir na atividade resolvi imitar Tapitá (14); o que menino fazia, eu repetia. Começamos jogando água para dar liga ao barro, mas aos poucos fomos ficando mais à vontade até que resolvemos tirar as botas e enfiar os pés no barro. Logo em seguida, Kukoín (11) e Akehe (13) se juntaram a nós. A tarefa que era aparentemente divertida rapidamente tornou-se cansativa, pois à medida que a lama foi ficando espessa, os pés atolavam, exigindo força e resistência para executar o pisoteamento. Notas de campo, 17 de outubro de 2010.

Nessa oportunidade, a disposição de Tapitá (14) nas tarefas foi reconhecida pelos adultos. O desejo de inserção desse menino entre os homens adultos é nítido e sua participação em diversas práticas da aldeia é bastante reveladora nesse sentido. Entretanto, a aprendizagem de determinadas tarefas envolve também a percepção de um estatuto subliminar de acesso.

> *Ao contrário dos outros meninos, Tapitá (14) sempre se mostrava mais disposto, tomando algumas iniciativas que iam além da condição de ajudante. Isso se tornou evidente quando ele assumiu a tarefa de cavar a terra com a enxada para preparar uma nova remessa de barro. Porém, quando Koriê foi pisar na lama percebeu que o menino havia feito uma cava muito rasa o que ocasionou em uma crítica ao garoto e o retrabalho daquela tarefa.*
> *Notas de campo, 17 de outubro de 2010.*

Envolvendo-se em diversas práticas, os iniciantes aprendem a inserir-se em distintas formas de participação, reconhecendo os vários papéis desempenhados na execução das tarefas[134]. Nesse sentido, as crianças pataxó não só aprendem as práticas propriamente ditas, mas aprendem a se inserir e mover-se em diversas comunidades de prática. Nesse movimento contínuo, as crianças aprendem os "os caminhos de acesso" à aprendizagem, que não se encontra no final do caminho, mas ao longo da trajetória.

A preparação do barro é concluída quando a mistura atinge a consistência necessária para se aderir bem às tramas de bambu. Essa tarefa é simultaneamente feita por várias pessoas. Enquanto algumas jogam os montantes de barro na trama, outras ficam do lado de dentro com as mãos espalmadas rente ao trançado de bambu para evitar que o barro transpasse. Esse processo é feito por toda a extensão da parede e nos locais mais altos utilizam-se escadas como suporte.

O trabalho de construção da casa de pau a pique é majoritariamente feito por homens. No entanto, as mulheres desempenham um papel muito importante, preparando as refeições para todas as pessoas envolvidas no trabalho. A primeira refeição é feita no meio da manhã, com um lanche preparado não só pelas mulheres, mas também pelas meninas.

> *As pausas no trabalho aconteciam de forma escalonada e eram regadas a cachaça e vinho. Por volta das 10 horas, chegaram Gwaí, a futura proprietária da casa, e Kutué (8), trazendo sanduíches e refrigerante. O trabalho masculino era acompanhado do trabalho*

---

[134] LAVE; WENGER, 1991.

> *feminino, incumbido de preparar o lanche e o almoço das pessoas que trabalhavam.*
> *Notas de campo, 17 de outubro de 2010.*

Assim como os meninos, as meninas pataxó também demonstram envolvimento nas tarefas desempenhadas pelas mulheres da aldeia. As meninas aprendem desde muito cedo a cozinhar. Segundo os Pataxó esse aprendizado ocorre por um processo contínuo de inserção na prática.

> *Por volta de meio dia, estávamos em frente a uma das casas do Guarani quando Mãtxó (11) apareceu para participar da conversa. Sua mãe imediatamente advertiu:*
> *— 'Vai ver aquelas panelas lá!'*
> *A menina respondeu dizendo que tinha desligado o feijão e que a panela de arroz ainda tinha água. Seu irmão Puhuy (10) fez uma crítica, em tom provocativo, ao arroz que a menina costumava fazer. Sem deixar por menos a menina retrucou:*
> *— 'E você que num sabe nem torrar um arroz!'*
> *Ajú, mãe das crianças, encerrou a discussão dizendo o seguinte:*
> *— 'Cês tão pegando o boi que eu tô colocando ocês pra aprender (sic).'*
> *Notas de campo, 16 de julho de 2010.*

Quando a mãe afirma categoricamente que está colocando seus filhos para aprender, fica evidente uma noção de aprendizagem que não está separada da prática propriamente dita. Não há outra forma de se aprender a "cozinhar" a não ser "cozinhando". Essa premissa nos ajuda a romper com o entendimento de que se aprende antes para fazer depois. As crianças pataxó não adquirem conhecimentos abstratos sobre culinária que são transportados para contextos posteriores. Em vez disso, desenvolvem a habilidade de executar as tarefas pelo seu envolvimento gradual em suas práticas cotidianas[135].

Além das meninas, os meninos participam e aprendem a cozinhar, apesar de suas atribuições nessa prática serem diferentes. Na sequência da nota anterior, Ajú afirma que ambos deveriam aprender essa prática. No entanto, ao justificar sua afirmação, a mãe faz uma clara distinção dos motivos pelos quais essa aprendizagem seria importante na vida da menina e do menino. Para a menina, Ajú disse que se ela se casar e não souber cozinhar seu marido vai "dar umas paneladas no pé da orelha dela". Para o menino, advertiu que, futuramente, quando ele for morar na cidade para estudar, terá que saber cozinhar para não passar dificuldade.

---

[135] LAVE; WENGER, 1991.

Esse relato nos ajuda a compreender melhor a noção de que a aprendizagem não é um processo separado de outros aspectos da vida, como as relações de gênero, de poder e as representações sociais de homem e mulher. Não é possível afirmar apenas a partir do relato supracitado que a mãe não deseja que a filha, assim como o filho, tenha a oportunidade de estudar futuramente na cidade. No entanto, a mensagem subliminar expressa na afirmação que a mãe faz para a menina é que se tem alguém que tem a obrigação de saber cozinhar quando tiver a sua própria casa, essa pessoa é a mulher.

Outra atividade prioritariamente desempenhada pelas crianças é buscar água para beber. Apesar de terem água encanada nas casas, os Pataxó buscam a água de beber em uma caixa d'água comunitária que fica localizada próxima à escola do Guarani. Essa coleta é feita com galões e garrafas plásticas que são geralmente transportados por carrinhos de mão. Algumas crianças aproveitam para pegar água para outras famílias e ganhar alguns trocados. Nessa tarefa, chama à atenção a maneira peculiar com que os Pataxó conduzem os carrinhos de mão.

> No começo da tarde encontrei com Tapitá (14) indo buscar água na caixa d'água. A exemplo dos demais da aldeia, o menino leva o carrinho de mão apoiando suas empunhaduras nos antebraços, ao invés de segurá-las com as mãos. Perguntei por que ele carregava o carrinho daquele jeito e menino respondeu:
> "— Tô acostumado a carregar assim."
> Em seguida, completou:
> "— Pra não bater com o fundo no chão."

Essa habilidade de condução do carrinho de mão, assim como muitas outras, parece ser apreendida pelas crianças pataxó por meio de um processo de *imitação* sem que haja a necessidade de um ensinamento deliberado. Esse processo alude ao entendimento de Gatewood[136] de que o iniciante olha, sente e ouve os movimentos do veterano e procura, por meio de tentativas repetidas, igualar seus próprios movimentos corporais àqueles de sua atenção, a fim de alcançar um tipo de ajuste rítmico de percepção e ação que está na essência do desempenho fluente. As crianças pataxó aprendem habilidades na maneira de ser e agir em suas práticas cotidianas, na medida em que observam, imitam e reinventam aquilo que o outro faz. Ingold[137] refuta a ideia de que o conhecimento é informação, e que seres humanos são

---

[136] GATEWOOD, John B. Actions speak louder than words. *In*: DOUGHERTY, Janet W. D. (ed.). *Directions in cognitive anthropology.* Urbana, Ill.: University of Illinois Press, 1985.

[137] INGOLD, 2010.

mecanismos para processá-lo. Ao contrário, o autor argumenta que nosso conhecimento consiste, em primeiro lugar, em habilidades, e que todo ser humano é um centro de percepções e agência em um campo de prática. Dessa forma, Ingold[138] assume uma abordagem alternativa, mais devedora às perspectivas fenomenológicas e ecológicas sobre percepção e cognição do que à ciência cognitiva clássica.

Figura 14 – Capinando

Fonte: o autor

Outra tarefa que pode render uma pequena remuneração às crianças é a capina (Figura 14). A limpeza do terreno, da horta e da frente das casas é dividida entre os membros de cada família e as crianças também participam da divisão dessa tarefa. É interessante notar que o simples ato de arrancar a vegetação com uma enxada pode envolver um conjunto de procedimentos e condutas a ser desempenhado.

> *Pela manhã vi Miruã (11) capinando a frente de sua casa. Pedi a Mandubi sua enxada emprestada e fui ajudar o menino. Siriã, mãe de Miruã, estava por ali observando nosso trabalho com*

---
[138] *Ibidem.*

> *seu filho caçula no colo. Quando comecei a capinar Miruã fez o seguinte comentário:*
> *— 'Luciano começa pelo meio.'*
> *Percebi que se tratava de uma crítica, mas continuei capinado. Logo depois, Siriã explicou que se eu começasse capinando pelo meio da grama a terra e o mato arrancados iriam tampar as moitas que ainda não haviam sido capinadas. Daí a importância de se começar pelas beiradas e ir avançando mato adentro.*
> *Notas de campo, 27 de abril de 2010.*

Esses conhecimentos fazem parte da aprendizagem da capina e a maneira com a qual um capinador experiente executa sua tarefa pode diferir bastante de um aprendiz. A força com que se segura a enxada, o ângulo com que se golpeia o solo e o posicionamento do corpo durante a tarefa são exemplos de ações que interferem significativamente no resultado final do trabalho e na energia dispendida por quem a executa. Ao capinar ao lado de capinadores experientes pude perceber que o meu cansaço precoce não dizia respeito apenas a uma condição física bem desenvolvida para a tarefa, mas a "incorporação"[139] de uma maneira mais eficiente de executar a capina. Outra tarefa importante na capina é a amolação da lâmina.

> *Antes de voltar a capinar, Miruã (11) foi amolar novamente sua enxada. No entanto, Miruã errou na precisão e cortou o polegar na lâmina. O menino entrou em sua casa e disse pra mãe que estava doendo e que não iria continuar capinando. [...] De tarde, a capina continuou, só que desta vez, era Tapitá (14), irmão de Miruã quem capinava. Comentei com ele sobre o acidente de seu irmão e o menino logo deu o diagnóstico do erro cometido por Miruã. Segundo ele, não se deve amolar a enxada no sentido contrário à lâmina, pois no final do movimento a mão pode esbarrar no fio da lâmina e cortar o dedo. Ele então demonstrou a maneira certa de se fazer a amolação, passando o amolador no mesmo sentido da lâmina.*
> *Notas de campo, 27 de abril de 2010.*

A participação das crianças nessa prática não só é bem-vinda, como também é incentivada de várias formas.

> *Por volta de 7:30, Txupa (14) foi me chamar para fazer a capina da cabana junto com outro grupo de adultos que se dispuseram a arrumar o local para receber os visitantes que viriam no dia seguinte. O menino aparentava estar animado para o trabalho, afinal seria mais uma oportunidade de se integrar aos adultos*

---

[139] Termo em inglês usado por Ingold (2000, p. 170) é *embodiment*.

em suas tarefas. No começo éramos Mandubí, Txupa, Tapuritú, Akäike, Karamú, Akehe (13), Miruã (11), Itxai (7) e eu. Mais tarde chegaram Takohã, Genipektó, Kawatá (15), Hayápó e Aióã. Itxai capinava com uma enxada pequena e aparentemente mais leve, como se tivesse sido feita sob medida para ele.
Notas de campo, 28 de abril de 2010.

Construir enxadas com tamanhos, formatos e pesos sob medida para as crianças (Figura 14) é uma forma de inseri-las e legitimá-las nessa prática. Essa atitude também se repete em outros instrumentos de trabalho. Entre os Xacriabá, Silva[140] observa que uma das primeiras e mais importantes atividades que os meninos aprendem no trabalho da roça é a de capinar. Começa-se quando um adulto, nesse caso o pai ou um homem próximo aos meninos constrói uma enxada nas dimensões reduzidas e adaptadas ao tamanho das crianças. Além de acompanhar os adultos nas idas diárias à roça, as crianças iniciam por capinar e por manter o próprio terreiro ao redor da casa limpo ou mesmo preparado para o plantio.[141]

Figura 15 – Facão de madeira e roçando com facão

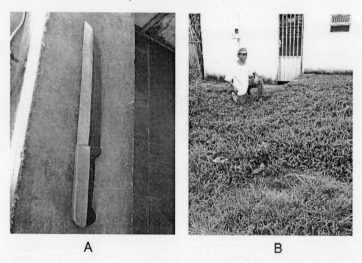

A   B

Fonte: o autor

---

[140] SILVA, Rogério Correia da. *Circulando com os meninos*: infância, participação e aprendizagens de meninos indígenas Xakriabá. 2011. Tese (Doutorado em Educação) — Faculdade de Educação, Universidade Federal de Minas Gerais, Belo Horizonte, 2011.
[141] SILVA, 2011.

Desde pequenos os meninos pataxó brincam com facões de madeira (Figura 15A), em geral feito pelos próprios pais. Essas peças servem de brinquedos para as crianças e para serem vendidas como artigos de artesanato. À medida que vão crescendo e se engajando em práticas cotidianas que exijam o uso do facão, as crianças passam a utilizar o instrumento propriamente dito, com lâmina de metal, tamanho e peso apropriados. Para "roçar"[142] a grama de suas casas e dos quintais, os Pataxó também utilizam o facão. Essa tarefa, que em outros contextos é feita com tesouras e roçadeiras, ao ser executada com facão, exige uma postura corporal bem singular (Figura 15B). De joelhos ou de cócoras, os Pataxó ficam suficientemente próximos ao solo para que seus golpes com o facão façam cortes bem rentes à grama. Essa posição desconfortável exige sucessivas pausas para o descanso e para amolação do instrumento. Essa tarefa geralmente é feita por adultos, mas desde cedo as crianças têm a oportunidade de observar de perto esse trabalho, que muitas vezes é desempenhada pelos seus próprios pais.

> *Estávamos aparando a grama com o facão quando Bugaí (2) se aproximou. Akäike observou a chegada de seu filho e disse apenas:*
> *"— Chega pra lá."*
> *O menino insistiu e continuou nos observando bem de perto. Logo em seguida, escutamos a voz de Biára perguntando pelo seu filho:*
> *"— Akäike cadê o Bugaí?"*
> *O cacique respondeu em tom cômico:*
> *— 'Tá aqui pulando o facão enquanto a gente corta a grama.'*
> *Notas de campo, 14 de outubro de 2009.*

Essa proximidade das crianças com algumas práticas desempenhadas prioritariamente pelos adultos e seu o trânsito livre pelos diversos locais da aldeia revela um interessante aspecto da educação das crianças pataxó. Cuidar das crianças pequenas não é uma tarefa que se restringe a mãe ou a uma única pessoa, mas a toda a aldeia. Os velhos, os adultos, os jovens e as crianças maiores também contribuem nessa tarefa. Quando ainda estão no colo ou dando seus primeiros passos as crianças permanecem o tempo todo tuteladas por pessoas próximas a ela, sejam parentes ou amigos da família. A maior parte do tempo é a mãe quem fica com seus filhos(as) e até executam algumas tarefas com seus filhos no colo. Esse ato, de carregar as crianças no colo, é feito de maneira muito peculiar entre os Pataxó.

> *Miruã (11) estava assentado com seu irmão caçula no colo. Sua prima Txohob (11) chegou e começou a brincar com o menino. Tikã (11 meses) gargalhava como nunca e demonstrava grande*

---

[142] Aparar.

> *afinidade com sua prima. Quando Txohob resolveu pegá-lo no colo, fez exatamente como as mulheres pataxó costumam fazer, colocou o menino de lado na cintura e inclinou seu tronco para o lado oposto à criança para se equilibrar e manter o menino no colo sem fazer muito esforço.*
> *Notas de campo, 26 de junho de 2010.*

Quando necessário, os filhos menores ficam sob os cuidados dos irmãos mais velhos ou do pai. A maneira com que os homens pataxó lidam com as crianças pequenas é diferente da que as mulheres costumam fazer. A constante proximidade feminina contrasta com a liberdade assistida que homens empreendem com os pequenos. Essa conduta é progressivamente assumida pelas crianças e, à medida que exploram os entornos de sua casa e da aldeia, ganham mais autonomia.

> *Pela manhã encontrei com o cacique e seu filho Bugaí (2). Enquanto conversávamos, o menino foi caminhando cambaleante em direção à ponte de madeira que passa por cima do riacho em frente à escola. Comecei a ficar tenso e a olhar fixamente para a criança. Akäike, que estava de costas para seu filho, percebeu minha aflição e de longe chamou o menino. A criança não atendeu ao chamado do pai e atravessou a ponte sozinho. Logo depois, o menino retornou e se aproximou do riacho. Bugaí foi se inclinando cautelosamente até deitar de bruços próximos à margem. Akäike chamou seu filho novamente e desta vez decidiu ir até lá para pegá-lo.*
> *Notas de campo, 14 de outubro de 2009.*

É interessante notar nessa passagem o comportamento da criança ao se aproximar do riacho. Apesar da pouca idade, o menino foi capaz de perceber o risco iminente que corria ao se aproximar do riacho e agiu preventivamente deitando-se de bruços até alcançar a margem.

Essa habilidade das crianças pataxó de transitar por diversos locais da aldeia reconhecendo os perigos em potenciais está intrinsecamente ligada à maneira com que os Pataxó educam e cuidam de suas crianças. Mesmo quando ainda não são capazes de andar, as crianças experimentam trajetos e conhecem os diferentes espaços da aldeia ao acompanhar, no colo de suas mães, pais, irmãos e parentes, suas tarefas cotidianas. Diferentemente de outros contextos, nos quais são inventados ambientes pensados e preparados pelos adultos "para" as crianças (parquinhos, espaços *kids*, brinquedotecas, entre outros), entre os Pataxó, é justamente esse ambiente, que convencionalmente chamamos de cotidiano, em que suas crianças vivem e paulatinamente vão se engajando na concretude da prática social.

3.4 A SEMENTE, O CANTINHO DA CASA E O ARTESANATO

Não é possível precisar quando os adereços e objetos utilizados no cotidiano pataxó passaram a ser vendidos e se tornaram uma fonte renda e sustento para os Pataxó. Com a expansão do turismo, em meados da década de 1970, as famílias pataxó da região litorânea do extremo sul da Bahia passaram a se especializar na confecção e venda de artesanato[143]. Com a vinda de alguns grupos para Minas Gerais, essa prática passou a assumir uma importante função na vida das pessoas que lá se instalaram.

> — 'Uns têm roça, outros mexem com peixe, abelha, mais uma coisa que todo mundo faz é artesanato. Não tem uma família no Guarani que não faz seu artesanato'. (Karamurú Pataxó)
> Notas de campo, 18 de julho 2010.

Essa categórica afirmação do vice cacique do Guarani exprime o notável aspecto econômico e simbólico do artesanato em sua aldeia, revelando-se como uma unanimidade nas famílias que lá vivem. Quem compra um exemplar do artesanato pataxó nem imagina a complexidade de elementos e de conhecimentos que envolvem a sua confecção. Esses conhecimentos iniciam na busca da matéria-prima e finalizam na venda do produto ao consumidor final.

Figura 16 – Colhendo folhas de tucum

Fonte: o autor

---
[143] VERONEZ, 2006.

Buscar madeira para fazer arcos e bordunas, taquara para fazer zara-batanas, folhas de tucum para extrair as linhas (Figura 16), sementes e frutos para fazer adereços, exige um conjunto infindável de conhecimentos sobre a mata. Assim como na caça, em geral, os Pataxó optam por entrar na mata em grupo para buscar esses materiais. Os mais experientes sabem onde encontrar a matéria-prima desejada e são capazes de diferenciar os tipos de árvores ou plantas que servirão para o artesanato que se pretende fazer. Além da escolha do material, é preciso fazer a coleta e a preparação inicial da matéria-prima.

> *Pela manhã, Mandubí me chamou para cortar umas toras para usar como lenha e fazer artesanato. [...] Depois de cortar três toras de jacarandá, Mandubí laçou as duas menores com cipó para eu levar e a maior ficou para ele. Sugeri levá-las nas costas, mas Mandubí disse que assim poderia me machucar. Em seguida, mostrou uma maneira de puxar as toras pelo cipó que tornaria a tarefa menos desagradável e cansativa. Essa habilidade de puxar o tronco de árvore segurando o cipó com um braço de lado e o outro passando por trás das costas revelou-se como uma eficiente maneira de puxar o peso e caminhar ao mesmo tempo.*
> *Notas de campo, 16 de outubro de 2009.*

Para colher a matéria-prima, além de saber onde encontrá-la e como prepará-la, muitas vezes é preciso saber também o momento certo de colhê-la. As linhas utilizadas na confecção de brincos, colares e demais adereços são feitas da folha de tucum. As folhas dessa espécie de palmeira são retiradas na época em que as noites estão escuras. Segundo os Pataxó, se retiradas em períodos de noites claras, as linhas não serão resistentes. Antes de retirar as folhas de um galho, os Pataxó pegam uma amostra, retiram suas fibras e verificam se aquela linha será suficientemente forte. Essas folhas são leva-das para casa onde é feito todo o procedimento de retirada das fibras para formar os cordões dos adereços.

> *Pela manhã, entrei na mata com Mandubí para buscar folhas de tucum. À tarde, pude observar Epotôy tirando as linhas da folha dessa palmeira. O processo consiste em trincar a folha dobrando-a próximo à ponta que fica aderida ao galho e puxar sua porção distal desprendendo dela as suas fibras. Feito isso, une-se várias fibras passando-as na língua para que a saliva as adira e formem um fio mais espesso. Depois de produzidos inúmeros destes fios eles são trançados para formar os cordões utilizados no artesanato.*
> *Notas de campo, 19 de março de 2010.*

Como se pode notar no registro de campo supracitado, a feitura do artesanato nem sempre é feita pelo próprio sujeito que retirou a matéria-prima da mata. Às vezes, outra pessoa da família assume essa tarefa. Ocorre inclusive a venda ou a troca dessa matéria-prima com outras pessoas da aldeia. Geralmente, algumas peças e objetos como arcos, bordunas, cachimbos, maracás e apitos são feitos pelos homens e adereços como brincos, colares e prendedores de cabelos, pelas mulheres.

Os arcos e flechas são feitos em formatos menores, geralmente vendidos como brinquedo para crianças, ou em dimensões originais com uma envergadura de quase dois metros. Nesse último, o arco é feito de troncos de "folhudo"[144], que são retirados com machados e previamente descascados com facões, ali mesmo na mata. Nessa tarefa os Pataxó apoiam uma das extremidades do tronco cortado no chão e a outra contra o próprio abdômen. Usando a lâmina do facão empunhada por ambas as mãos, uma no cabo a outra na lâmina, tiram-se as lascas do tronco cortando-as rente ao seu miolo, até deixá-lo totalmente descascado. Para dar forma ao arco, os Pataxó demonstram uma imensa habilidade com seus instrumentos de trabalho. Com uma maneira bem particular de utilizar o facão, os artesãos talham o tronco de madeira até atingir a forma característica dos arcos.

> Tapuritú pegou um pedaço da tora de folhudo e começou a talhá-la. Quando prestei a atenção na maneira com que ele cortava as lascas do tronco percebi um procedimento muito interessante. Com a madeira posicionada contra o peito e apoiada no chão na posição vertical ele fazia vários picotes na madeira de baixo para cima até fazer um picote maior tirando uma lasca grande com os picotes inferiores. A impressão que fiquei é que os picotes menores diminuem a rigidez das fibras e facilitam a retirada da lasca maior. Notas de campo, 20 de março de 2010.

Esse exímio manejo dos instrumentos e objetos pode ser observado também na feitura das peças de madeira. Na primeira etapa da confecção das gamelas os troncos são cortados em formatos retangulares. As cavas são previamente desenhadas na peça e, em seguida, são talhadas com a *enxó*[145]. Depois de finalizada a primeira abertura côncava, seu interior é fresado no torno elétrico utilizando uma peça chamada "bênis" (Figura 17). A parte mais impressionante da confecção da gamela é a lapidação da sua parte convexa.

---

[144] Árvore utilizada pelos Pataxó para fazer arcos cujo nome também é conhecido como "para-tudo".

[145] A enxó é uma ferramenta composta por um cabo curto e curvo uma chapa de aço cortante, usada para desbastar a madeira.

Com vigorosos e precisos golpes de facão, os Pataxó vão delineado o formato abaulado do exterior das peças. Encerrada essa etapa, a gamela está praticamente pronta, bastando apenas um lixamento final feito novamente no torno. Essa relação simbiótica entre sujeito, objetos e ambiente é o que conduz a feitura das peças de artesanato e as torna sempre únicas. Cada golpe de facão na gamela é um movimento inédito que nunca será exatamente repetido. As formas dos artefatos não são dadas de antemão, mas são geradas na/pela prática do movimento de um ou mais agentes habilidosos em um ativo engajamento sensorial com o material[146].

Figura 17 – Fresando a gamela no torno elétrico

Fonte: o autor

Os adornos como colares, brincos, pulseiras e braceletes são feitos com sementes de bananeirinha, falso pau-brasil e leucenas. Com agulhas ou furadeiras elétricas as mulheres pataxó furam, uma a uma, essas pequeninas peças, que são separadas por formato e cor. As linhas utilizadas também

---
[146] INGOLD, 2000.

variam e podem ser de tucum, cordões industrializados ou linhas sintéticas como as de nylon. Além das sementes, as penas de galinha também compõem os adornos, e podem ser utilizadas in natura ou tingidas com corantes artificiais. Apesar de não se observar adultos do sexo masculino fazendo esse tipo de artesanato, meninos e meninas participam ativamente dessa prática, auxiliando suas mães e, por vezes, até construindo suas próprias peças.

> *Estávamos na varanda da casa de Mandubí conversando sobre a venda do artesanato que havia sido levado por um grupo do Guarani para Belo Horizonte em virtude das comemorações do dia 19 de abril. Kawatá (15) disse que estava com medo dos colares que ele havia enviado não tivessem boas vendas. Fiquei surpreendido por esse comentário, pois, até então,* não havia observado o garoto fazendo artesanato.
> *Notas de campo, 19 de abril de 2010.*

Observar os Pataxó, principalmente as crianças e as mulheres, confeccionando artesanato não é tarefa fácil, pois muitas vezes isso é feito na intimidade de seus lares. No entanto, alguns relatos são bastante reveladores sobre a presença e o conhecimento das crianças e dos adolescentes sobre essa prática.

> *Estávamos Tapitá (14) e eu conversando na porta de sua casa. De repente, começamos a ouvir um barulho alto que vinha lá de dentro. Perguntei ao menino se ele sabia o que era aquilo e a resposta não podia ser mais precisa.*
> *— 'É minha mãe furando as sementes. Toda vez que a furadeira chega no finalzinho da semente ela faz esse barulho, ó(sic)!'*
> *Notas de campo, 15 de abril de 2010.*

Ouvir um barulho e descrever em detalhes a ação que está sendo executada é tarefa que exige sensibilidade e conhecimento sobre a prática. Segundo Ingold[147], as experiências da visão e audição não são mutuamente substituíveis, pelo contrário, elas são virtualmente indistinguíveis, ou seja, visão é um tipo de audição e vice e versa. A maneira como percebemos o mundo está intimamente ligada à forma com a qual nos reconhecemos com parte integrante do mesmo. Nesse sentido, para os Pataxó, aprender a manejar os instrumentos e tornar-se um artesão habilidoso é um processo que se inicia muito cedo, antes mesmo de a criança construir efetivamente sua primeira peça.

> *Hoje pela manhã, pude observar mais uma vez Tapuritú fazendo apitos na varanda de sua casa. Seus dois filhos Mukunã (5) e Kohō*

---

[147] INGOLD, 2008.

> *(1) brincavam de caminhãozinho ao lado do pai e "carregavam as lascas de madeira" que caíam no chão. Tapuritú estava acertando o receio dos apitos de bambu com pedaços de vinhático, um tipo de madeira. Mukunã mostrou para o pai um apito diferente dos outros, com dimensão superior aos demais. Tapuritú disse que aquele era para teste. Fiquei com a impressão que Tapuritú estava construindo seus apitos a partir daquele modelo.*
> *Notas de campo, 21 de março de 2010.*

É interessante notar nessa passagem a proximidade das crianças com o trabalho do pai artesão. Kohõ, de apenas 1 ano, e seu irmão Mukunã, de 5 anos, demonstram diferentes formas de participação na confecção dos apitos. Enquanto o pequeno observava e brincava com as lascas de madeira, o maior foi capaz de fazer apontamentos e observações sobre o trabalho do pai. É muito provável que nenhum dos meninos tenha tido a oportunidade de tentar efetivamente construir seu próprio apito de bambu, mas isso não significa que o processo de aprendizagem dessa prática entre os meninos já não tenha sido iniciado. Essa presença periférica e legitimada das crianças na confecção dos artesanatos chama a atenção para uma peculiaridade que pode ocorrer na aprendizagem dessa prática.

> *Estava conversando com Atxohã, enquanto ele fazia seu artesanato. Tapuritú, que é um exímio artesão, chegou e caçoou dos artesanatos que Atxohã havia feito. O rapaz se justificou afirmando que era a primeira vez que ele tinha feito uma zarabatana e um arco. Esse fato me chamou a atenção por dois motivos: o primeiro é o fato de um Pataxó fazer seu primeiro artesanato com 23 anos. O segundo é que, apesar da crítica de Tapuritú, o resultado final do produto era bom.*
> *Notas de campo, 20 de março de 2010.*

O fato de um jovem fazer, aos 23 anos, seus primeiros exemplares de arco e zarabatana, não pode ser tomado como uma generalidade entre os Pataxó. Entretanto, executar tal tarefa de forma inédita e com um resultado suficientemente bom, a ponto de o objeto ser colocado para venda é algo que impressiona. Quando se fala de aprendizagem de determinadas tarefas cotidianas, imaginasse que o aprendiz vai se engajando na prática gradualmente, assim como se subisse um degrau por dia até atingir a maestria. O fato supramencionado nos revela que os percursos de uma aprendizagem podem ser bem diversos e essa linearidade, supostamente imaginada, é algo a ser revista.

Nesse sentido, a noção de "participação periférica legitimada", sustentada por Lave e Wenger[148], pode ser bem reveladora. O conceito, cunhado como um descritor dos processos de aprendizagem, ajuda a rever a ideia do protagonismo infantil nos processos de aprendizagem das crianças. Assim sendo, quando a periferia é legitimada pelos sujeitos que compõem o contexto de uma determinada prática, o brincar com as lascas de madeira enquanto o pai faz o artesanato, pode deixar de ser visto como uma atividade paralela, apartada, e ser entendida como mais uma forma de participação da prática em curso.

Figura 18 – Vendendo artesanato no Guarani

Fonte: o autor

Além dos conhecimentos relativos à feitura do artesanato, os Pataxó demonstram grande habilidade na negociação e venda de seus produtos. O artesanato é vendido em eventos, feiras e exposições, mas também na própria aldeia, quando recebem grupos de estudantes, acadêmicos ou turistas (Figura 18). Nesses momentos, as crianças e os jovens pataxó também participam de diversas formas.

> *Após cinco horas de viagem, chegamos à cidade de Engenheiro Caldas em Minas Gerais, onde aconteceria um evento cultural e*

---

[148] LAVE; WENGER, 1991, p. 35.

> *os Pataxó iriam apresentar sua dança e vender seus artesanatos. [...] As crianças mais velhas e os jovens participavam da montagem das bancas e da venda propriamente dita. As crianças mais novas brincavam perto de suas mães nos arredores das barracas. Na apresentação da dança assumi a venda de uma das barracas e a tarefa de cuidar de duas crianças pataxó que não iriam se apresentar. Um menino da cidade perguntou para mim o que era colocado dentro dos "paus-de-chuva" para fazer aquele barulho. Respondi sem muita certeza:*
> *— 'Conchas.'*
> *Paiúba, de apenas 4 anos, olhou pra mim e corrigiu minha explicação:*
> *— 'Não é concha não, é pedrinha.*
> *A resposta do menino fazia mais sentido, afinal não se tem disponível conchas em uma reserva indígena situada em Minas Gerais. Notas de campo, 24 de abril de 2010.*

Conhecer bem o produto que se vende é um importante fator que contribuiu para o sucesso nas vendas. Para as crianças pataxó, isso não é um problema, pois a confecção do artesanato acontece cotidianamente em seus lares, o que lhes oferece a oportunidade de participar e conhecer a fundo os produtos que são vendidos. É muito comum observar em suas casas lugares nos quais os artesãos costumam confeccionar seus produtos. Em alguns casos, esses "cantinhos" são devidamente pensados e construídos para essa finalidade.

> *Txupa (13) me mostrou um lugar onde ele confeccionava o artesanato. O puxadinho com telhado de amianto fixado entre as árvores a uma altura inferior a minha estatura, ou seja, menos de 1,7 metros de altura, evidenciava que havia sido feito por crianças, nesse caso, Txupa e Puhuy (9), seu irmão por parte de pai. Com uma ferramenta elétrica o garoto lixava o coco para fazer maracá e outras peças de madeira.*
> *Notas de campo, 26 de julho de 2009.*

Quando concluídos, os produtos são dispostos nas paredes das casas dos artesãos e esse estoque assume também uma função decorativa. Para se conhecer os tipos de artesanatos feitos por cada família, basta entrar e conhecer o interior de suas casas. Esse fato já havia sido observado por Cardoso[149] quando relatou em sua pesquisa com os pataxó dessa mesma reserva que na "sala das casas há vários objetos de artesanato empilhados para venda. Nas paredes há pouquíssimos adornos, apenas colares dependurados para vender". Essa forma de exposição do artesanato eventualmente resulta

---

[149] CARDOSO, 2000, p. 60-61.

também na venda do material produzido para as pessoas de fora que vêm, com certa frequência, conhecer as aldeias da reserva.

A compra e a venda do artesanato são feitas também entre os próprios pataxó. Muitos de seus parentes que vêm da Bahia trazem consigo os artesanatos feitos por eles para vender para os Pataxó do Guarani. Essa mercadoria é comprada por um valor mais baixo e revendida aos turistas com alguma margem de lucro. Quando viajam para feiras e eventos, é comum um Pataxó vender o artesanato de outra pessoa de sua aldeia, que por ventura não pode viajar. Nesse caso, o valor final da venda do artesanato é repartido com a pessoa que o vendeu. Essa cooperação e ajuda mútua presentes na venda e na confecção do artesanato são características que se repetem em outras práticas da aldeia.

Tornar-se um artesão é um processo longo e contínuo que se confunde com a própria história de vida de um Pataxó. Os inúmeros conhecimentos sobre as plantas, os animais, a mata, os instrumentos e as maneiras de ser e agir de um artesão pataxó se constitui das mais diversas formas nos sujeitos que vivem nesse ambiente compartilhado e cooperativo.

3.5 A BOLA, O CAMPO E O FUTEBOL

O futebol é uma prática, assim como outras tantas, que não possui uma íntima relação com o passado mais remoto dos contextos indígenas. No entanto, há décadas passou a ser incorporado por várias etnias e de diversas formas[150]. No contexto pataxó, o futebol merece destaque, não só pela frequência e abrangência com que é praticado, mas pela importância claramente atribuída a essa prática pelos próprios Pataxó.

---

[150] VIANNA, Fernando de Luiz Brito. *Boleiros do Cerrado*: índios xavantes e o futebol. São Paulo: Annablume/FAPESP/ISA, 2008.

Figura 19 – Campos de futebol

A   B

Fonte: o autor

Segundo Akäike, a quadra de futsal[151] (Figura 19A) da TIFG foi construída com recursos da Secretária de Educação do Estado de Minas Gerais em parceria com a Prefeitura de Carmésia para atender às crianças da escola do Guarani. No entanto, a quadra está localizada na beira da estrada de terra que liga o Guarani e o Retirinho, a uma distância considerável da escola. O uso desse espaço é feito por todas as aldeias, incluindo o Imbiruçu, que está localizada a alguns quilômetros dali. O uso desse espaço ocorre de maneira rotineira sem a necessidade de aviso prévio. Muitas vezes, as aldeias jogam entre si e essas partidas são combinadas previamente entre os representantes de cada uma delas. Outro espaço construído para a prática do futebol são os campos gramados. Feitos com recursos próprios, ou seja, matéria-prima e mão de obra locais, os Pataxó possuem três campos de grama. O primeiro foi construído no Imbiruçu; e o segundo, com dimensões um pouco menores, foi construído no Retirinho, ao lado de sua escola. O terceiro campo foi construído nos arredores do Guarani e é o maior de todos, com dimensões semelhantes aos dos campos de futebol profissional (Figura 19B). Segundo Alves[152], entre os Maxakali, o futebol é uma prática corporal lúdica bastante apreciada e sua presença é logo percebida em um pequeno passeio pelas reservas: assim como são fundamentais as construções das escolas, para os

---

[151] Futsal é um termo contemporâneo que designa à modalidade do futebol, antigamente denominada de futebol de salão. A quadra onde é praticada essa modalidade esportiva é feita de cimento ou taco com dimensões aproximadas de 20 metros de largura por 40 de comprimento.

[152] ALVES, Vânia de Fátima Noronha. *O corpo lúdico Maxakali*: desvelando os segredos de um "programa de índio". 1999. Dissertação (Mestrado em Educação) — Faculdade de Educação, Universidade Federal de Minas Gerais, 1999.

Maxakali, é imprescindível a delimitação de um espaço denominado "kãp", que significa campo de futebol, na língua nativa.

Para ter acesso a esses espaços, as crianças pequenas do Guarani precisam da presença de algum adulto ou de irmãos, primos e parentes mais velhos para poderem se deslocar até lá. Como consequência disso, os pequenos e as pequenas se apropriam de diversos espaços ao longo da aldeia para jogar futebol. O improviso de espaços para a prática do futebol também foi observado por Alves[153] entre os Maxacali. Em um de seus relatos, a autora chama a atenção para o uso das estacas da casa de religião como metas para o gol. O que surpreende Alves nessa passagem é o uso de um lugar sagrado para outro fim.

> *De tarde Mibkoy (6) e Txakin (7) resolveram jogar bola no trecho de grama entre a casa de Tapuritú e Koriê. Goyá (5) e Tawá (7) se aproximaram felizes da vida para mostrar para sua mãe, o dente de Tawá que havia caído. Minutos depois, as meninas começaram a jogar com Mibkoy e Txakin. O interessante é que os meninos não apresentaram nenhuma resistência sobre a participação das meninas no jogo. Mibkoy organizou a brincadeira colocando Goyá no gol do time dele e Txakin no time de Tawá, ficando ele e Tawá jogando 'na linha'.*
> *Notas de campo, 20 de abril de 2010.*

A presença das meninas no jogo "dos meninos" não é algo raro entre os Pataxó. No entanto, essa participação conjunta de homens e mulheres acontece até a adolescência, por volta dos 15 anos. Essas partidas mistas ocorrem na escola da aldeia — nos horários dos intervalos, nas aulas de Educação Física, bem como em situações informais do dia a dia em que os próprios meninos e meninas organizam seus jogos.

> *À tarde, fomos Pirá e eu para a quadra para assistir uma partida de futebol entre os meninos da aldeia. Chegando lá, me surpreendi quando vi um time masculino jogando contra um time feminino. Imaginei então que se tratava apenas de uma "brincadeira de futebol" onde o interesse pela vitória não seria o objetivo principal. Puro engano. Apesar das inúmeras risadas, as meninas jogavam de "igual para igual" com os meninos, ou melhor, jogavam com muita habilidade e efetividade. Nos 30 minutos em que permaneci assistindo o jogo, a maioria dos gols foram delas. A média de idade na quadra era de 13 anos. Ao relatar para Pirá meu espanto em ver as meninas jogarem com tamanha desenvoltura, minha anfitriã completou:*

---

[153] *Ibidem.*

> *"— Isso é porque você não viu as mais velhas".*
> *Notas de campo, 10 de abril de 2010.*

O comentário de Pirá revela que a presença do futebol na vida das mulheres não se interrompe na adolescência, mas se mantém na vida adulta. As mulheres adultas demonstram grande habilidade nessa prática e o seu nível de organização se assemelha ao dos homens[154]. Inrré, uma das moradoras do Guarani, organiza "treinos"[155] entre as mulheres da aldeia e "jogos"[156] com as mulheres das demais aldeias.

> Estávamos assistindo um treino das mulheres e meninas do Guarani quando começaram a chegar várias pessoas do Retirinho. A maioria eram mulheres. Quando o treino terminou, percebi que em seguida iria acontecer um treino daquelas mulheres do Retirinho. Inrré conversou com uma delas e tive a impressão que estavam marcando um jogo entre as aldeias. Assim como os homens, as mulheres possuem uma figura que organiza seus treinos e jogos.
> Notas de campo, 20 de março de 2010.

Entre os homens é Mikay quem exerce esse papel de organizador. Ele foi um dos responsáveis pela construção do campo gramado do Guarani, e afirma que esse possui as mesmas dimensões do campo de São Januário, estádio do Clube de Regatas Vasco da Gama, seu time de coração. Além de jogar e organizar jogos com outras equipes, Mikay atua como treinador da equipe masculina de futebol da aldeia. Quando jogam fora ou recebem equipes de outras localidades em seu campo, Mikay escala os jogadores, faz substituições e dá inúmeras orientações à sua equipe. Seu filho, Kawatá, de 15 anos, apesar de não ser considerado um bom jogador pelos demais meninos da aldeia, também exerce uma função semelhante entre os mais jovens. Frequentemente é Kawatá quem passa pelas casas chamando os meninos para realizar alguns treinos na quadra.

A inserção dos meninos nas partidas e treinos dos adultos é um processo que se dá de maneira paulatina e depende de inúmeros fatores. Quando possuíam apenas a quadra de futsal, os pataxó do Guarani precisavam de apenas 10 pessoas para realizar um treino. Isso dificultava bastante a participação efetiva dos meninos na prática dos adultos, pois o número de jogadores era mais restrito. Com a construção do campo de futebol de gramado do

---

[154] ALVES, 1999.

[155] Os treinos, em termos nativos são partidas realizadas entre as pessoas da mesma aldeia.

[156] Os jogos, em termos nativos, são as partidas realizadas com pessoas das outras aldeias ou equipes de fora da reserva.

Guarani, seus integrantes passaram a deixar a quadra um pouco de lado e o número de jogadores necessários para realizar um treino no campo subiu para 22. Esse fato, associado à reconhecida habilidade de alguns meninos, facilitou o acesso ao time dos adultos.

> *Fizemos um treino no campo gramado da aldeia. Meu time perdeu de 8 a 1 e Txupa (14), que era do time adversário, jogou muito bem. Ao que parece, o garoto está conseguindo conquistar seu lugar no time de futebol dos adultos. A cada lance bom dele alguém fazia um elogio. Mikay chegou até a comentar:*
> *— 'Txupa é do nosso time titular já.'*
> *Notas de campo, 21 de março de 2010.*

Essa busca pelo reconhecimento dos adultos é notável entre os meninos. Frequentemente eles acompanham o time nos jogos que ocorrem fora da aldeia, assistem atentos às partidas, sentam no banco de reservas do time e aproveitam os momentos que precedem as partidas e seus intervalos para realizar cruzamentos e chutes ao gol. Ao descrever o envolvimento dos meninos Maxakali no jogo de futebol dos adultos, Alves destaca algumas formas de aprendizagem que vão além da prática propriamente dita:

> Os meninos permaneciam na 'de fora', assentados na beira de campo. Observavam atentamente as jogadas, em silêncio, demonstrando interesse em buscar a bola quando esta era arremessada para fora de campo. Certamente, ao observar o jogo dos mais velhos, estavam aprendendo a jogá-lo.[157]

Situações semelhantes podem ser observadas entre os Pataxó. Quando entram efetivamente para jogar os "treinos", as relações hierárquicas que estruturam o universo mais amplo da aldeia não "saem de campo". Na divisão das posições dos jogadores os meninos demonstram grande interesse em jogar no ataque, ou seja, próximo ao gol adversário. No entanto, essas posições são reservas aos adultos e os meninos acabam por ocupar funções mais relativas à defesa. Se por ventura esses papéis se invertem, os meninos vibram de alegria, como se tivessem sido promovidos a uma função mais importante no campo.

Fatos semelhantes a esse também ocorrem com as meninas no futebol das mulheres. Txohob, uma menina de 11 anos, tem conseguido aos poucos seu espaço nos treinos das mulheres.

---

[157] ALVES, 1999, p. 135-136.

> *Estavam jogando na quadra as mulheres mais velhas contra as adolescentes. Txohob (11) filha mais velha de Gwaí estava sentada do lado de fora esperando a muito tempo sua chance de entrar na partida. Não havia uma organização de tempo ou número de gols para fazer um rodízio entre as jogadoras e só depois que uma integrante do time das adolescentes pediu pra sair, que Txohob finalmente pode entrar. A menina jogou alguns minutos, parecia meio perdida em quadra, mas demonstrava habilidade com a bola. Depois que conseguiu realizar um bom lance sua mãe comentou:*
> *— 'Toma cuidado com ela, porque essa danada chuta mesmo!'*
> *Após alguns minutos, Txohob saiu novamente para a Mãtxó (11) voltar à quadra. Txohob era a jogadora reserva do time das mais novas e sua entrada dependia do cansaço de alguma jogadora titular.*
> *Notas de campo, 20 de março de 2010.*

Esse processo de inserção dos aprendizes na prática passa pelo reconhecimento por parte dos mais experientes. Essas questões sobre o engajamento dos participantes nas práticas comunitárias e a forma com que o conhecimento adquire valor para esses aprendizes está intimamente ligada ao processo de constituição de suas identidades como participantes plenos[158].

Figura 20 – Futebol feminino

Fonte: o autor

---
[158] LAVE, 1996.

Nas partidas de futebol feminino é frequente a presença de crianças e bebês na beirada do campo. As mulheres que têm crianças de colo deixam seus filhos sob o cuidado de crianças mais velhas (Figura 20). Esse fato reitera não só a presença marcante da mãe nos primeiros anos de vida dos recém-nascidos, mas também o cuidado compartilhado com que as famílias pataxó demonstram com suas crianças. Apesar da inserção do futebol entre as mulheres pataxó e as semelhanças existentes entre a maneira de inserção dos aprendizes nos universos masculino e feminino do futebol, as relações de gênero e as representações sociais sobre a maternidade, de uma maneira mais ampla, não se dissociam dessa prática.

> Enquanto o treino das mulheres acontecia os meninos permaneciam ao redor da quadra assistindo à partida e esperando o momento de seu término para que eles pudessem jogar. Txupa (14) quis montar um time para ficar na de fora, mas Inrré não permitiu e disse que elas estavam treinando. Com o passar do tempo, a paciência dos meninos foi se esgotando e começaram a pedir o final da partida. As mulheres recusavam-se a parar e Gwaí fez um comentário parecido com os que Mikay tem costume de fazer:
> — 'O jogo tá bom, o jogo tá bom!'
> Miruã (11) desejando que o jogo acabasse retrucou:
> — 'O jogo acabou! Vocês têm que fazer comida pra nós!'
> Notas de campo, 27 de julho 2010.

A presença de mulheres nos "treinos" e jogos dos homens é algo praticamente impensável. Entretanto, a presença dos meninos nos jogos femininos muitas vezes é permitida, mas com restrições. A única função que é permitida a eles é a de goleiro. Apesar de essa função ser menosprezada por muitos meninos em seus jogos e treinos, quando se trata de completar os times femininos muitas vezes travam disputas por essa posição. Esse ímpeto por participar de diversas formas, e em diversos contextos em que o futebol acontece, revela uma verdadeira obsessão das crianças por essa prática.

Uma bola furada e alguns metros quadrados são suficientes para que as crianças pataxó criem e reinventem o futebol. Chutes a gol, cruzamentos, peruzinho, jogos de duplas, partidas sem goleiro e diversas outras formas de "ensaios" do futebol compõem toda a aprendizagem dessa prática. O termo "ensaio", aqui empregado, está fundamentado em Ingold[159], que o concebe como um processo de repetição constante de um mesmo movimento como uma forma preparação da/na prática. Na conceituação do autor, o ensaio é

---

[159] INGOLD, 2000.

tratado como forma fundamental de aprendizagem, ou seja, como um processo de incorporação a partir do exercício de mergulho no que se está aprendendo. Trabalhando com esse conceito, Faria[160] afirma que o ensaio é uma forma de entendimento na prática do futebol, algo imbricado em um contexto e que nos permite entender a aprendizagem como algo inseparável do fazer.

Esse complexo processo de tornar-se um jogador está imbricado na relação entre sujeito(s), objeto(s) e ambiente. Nessa tríade, por vezes, é considerada apenas a capacidade de agir dos sujeitos humanos. As agências dos objetos e do ambiente, de maneira mais ampla, devem ser vistas, não como interferências ou perturbações nas práticas em curso, mas como constituintes das mesmas[161].

> *Durante o jogo das mulheres percebi que, mesmo correndo o risco de levar um pisão, Sirnã (15) jogava com os pés descalços. Apesar disso, a menina era o destaque da partida e recebeu vários elogios das pessoas que assistiam à partida. Ao comentar esse fato com Takohã, o rapaz me confidenciou que Sirnã não joga muito bem quando está com os pés calçados. Em seguida, reiterou:*
> *— 'Todas as vezes que ela tem que jogar calçada fica querendo tirar a chuteira.'*
> *Notas de campo, 26 de julho de 2010.*

Quando a menina joga calçada, o objeto chuteira age com o sujeito humano e o ambiente desempenhando uma performance diferente da que é recorrente. Isso acontece porque, estando frequentemente descalça, a menina passa a aprender a jogar sem a presença de tal elemento. Com a introdução do calçado, Sirnã (15) tem que reestruturar sua prática e agir de uma maneira diferente do habitual enquanto joga. Não se trata de interferência ou perturbação, mas uma forma pouco recorrente de se jogar que não alcança a mesma maestria do jogo descalço. Essa maneira de conceber a capacidade de agência de nós seres humanos em consonância com os agentes não humanos está implícita na célebre frase de um menino pataxó:

> *No caminho da quadra, Miruã (11) comentou sobre o momento em que Txupa (14) havia se machucado pela manhã e insistiu em*

---

[160] FARIA, Eliene Lopes. *A aprendizagem da e na prática social*: um estudo etnográfico sobre as práticas de aprendizagem do futebol em um bairro de Belo Horizonte. 2008. Tese (Doutorado em Educação) — Faculdade de Educação, Universidade Federal de Minas Gerais, Belo Horizonte, 2008.

[161] LATOUR, 2005.

dizer que a culpa tinha sido minha. Txupa interviu e disse que eu não tinha tido culpa, pois ele havia se machucado porque pisou na bola. Subitamente Miruã olhou pra mim disse:
— 'Sabia que a bola tem vida? A vida dela é rolar.'
Notas de campo, 17 de abril de 2010.

Apesar do tom irônico da frase, Miruã nos ajuda a atentar para outros elementos que compõem o aprendizado de "ser jogador" considerando um elemento fundamental nesse processo — a bola. Nova, velha, cheia, furada, esférica ou com outros formatos e tipos, a bola pode ser qualquer coisa que possa ser chutada pelos meninos e meninas pataxó.

Na escola, o futebol também é predominante. Nos recreios e nas aulas de Educação Física dificilmente outra prática toma o lugar do futebol. Sem um campo apropriado, as crianças jogavam em um pequeno trecho de grama da escola que faz divisa com os tanques de peixes.

Figura 21 – Campinho de futebol improvisado

Fonte: o autor

APRENDIZAGEM PELOS "FAZERES-SENTIDOS": AS PRÁTICAS COTIDIANAS DAS CRIANÇAS PATAXÓ

Ao lado da escola existe um pequeno campinho (Figura 21) com traves de bambu em frente ao antigo sobrado do Guarani. Curiosamente o monumento de concreto que foi construído há vários anos tornou-se um elemento singular no futebol das crianças, pois esse está posicionado bem no centro do campo. A participação dos adultos na construção desses espaços e nas práticas propriamente ditas demonstra a disposição e interesse de legitimar o futebol dos pequenos.

> *No final da tarde resolvi checar o barulho de bola que vinha do campinho que havia sido construído recentemente em frente ao sobrado. Ao chegar lá percebi que Areneá (12), Aió (15), Txury (13), Aióira (12), Kukóin (11) e o cacique Akäike jogavam bola. Aióira, Areneá e Akäike jogavam contra, Aió, Txury e Kukóin que aparentemente ganhavam do time do cacique. O sol estava indo embora e o frio começava a apertar, mas isso não desanimou nem as crianças e nem o cacique, que demonstrava grande disposição para o jogo. Passado vários gols, Akäike saiu e cedeu seu lugar para mim no time dos menores. Entrei e aproveitei para esquentar o corpo. Notas de campo, 11 de junho de 2010.*

A capacidade de improvisação das crianças pataxó, associada ao incentivo e à legitimação da prática por parte dos adultos, compõe um ambiente propício para a aprendizagem do futebol. Tornar-se um(a) jogador(a) é um processo que não se pode precisar quando começa e nem quando termina, se é que termina. Entretanto, é possível afirmar que o futebol é uma prática de grande importância naquele contexto. A dimensão disso está revelada na disposição das pessoas, na organização do tempo, na construção dos espaços, na improvisação dos objetos e na constante reestruturação dessa prática, mantendo-a presente e viva no cotidiano pataxó.

3.6 O BRINQUEDO, A ALDEIA E AS BRINCADEIRAS

A infância no Guarani é marcada por uma riqueza lúdica incalculável e muitas das brincadeiras que se pode observar entre as crianças pataxó estão diretamente ligadas às demais práticas presentes na aldeia, como o artesanato, o trabalho agrícola e as atividades domésticas. Segundo Alves[162], entre os Maxakali, as brincadeiras de "casinha" propiciam uma imitação da vida social e reproduz, principalmente, o cotidiano no espaço doméstico. A

---

[162] ALVES, Vânia de Fátima Noronha; GOMES, Christianne Luce; REZENDE, Ronaldo de. *Lazer, lúdico e educação*. Brasília: SESI/DN, 2005. v. 3.

autora acrescenta ainda que, nessas oportunidades, pode-se observar também a reprodução de papéis sociais: "as meninas se encarregam das tarefas domésticas como cuidar dos bonecos, arrumar a casa, fazer a comidinha, pescar; por sua vez, os meninos saem para caçar e cuidar da roça". Entre os Pataxó, as crianças reinventam seus cotidianos por meio da brincadeira e se apropriam dessa complexa trama de atividades que compõe a rotina da aldeia.

> *Estava passando pela casa de Tapuritú quando escutei um barulho e resolvi olhar pelo buraco do muro de bambu. Mukunã (5) e Mibkoy (6) brincavam de cavalo de pau. Ao perceber que eu estava olhando, Mibkoy fez questão de mostrar a bolsa que ele carregava e disse:*
> *— 'Olha o artesanato!'*
> *Olhei dentro da bolsa e vi muitas miçangas, sementes e pedras. Mukunã também tinha sua bolsa com "artesanato". Já havia visto os meninos andando com os cavalos-de-pau, carregando suas bolsas, mas não sabia do que se tratava. Mibkoy me explicou que o quintal todo era a fazenda deles. Mostrou-me seu cavalo de bambu e perguntou:*
> *— 'Você tem cavalo?'*
> *Respondi que não.*
> *— 'Eu tenho; de verdade. Ele fica na piscina"*[163].
> *Notas de campo, 18 de abril de 2010.*

Figura 22 – Andando de cavalo com o irmão caçula

Fonte: o autor

---
[163] Os Pataxó chamam de piscina uma pequena represa feita em um dos riachos que corta o Guarani.

As crianças pataxó são fascinadas por cavalos e sempre é possível observar algumas delas brincando de cavalinhos feitos de bambu pela aldeia. Desde pequenos os Pataxó demonstram imensa afinidade com esses animais.

> *Fui levar Bugaí (2) ao encontro de sua mãe na casa de Vó Dawê. No meio do caminho o menino me pediu para levá-lo no colo. Durante a caminhada Bugaí apontou para o cavalo de Kutxiã e fez um barulho com a boca igual ao relincho do animal. Fiquei surpreso e pedi para que ele repetisse o barulho que o cavalo faz. O menino repetiu exatamente como havia feito. Fiquei impressionado de ver uma criança de dois anos, que fala pouquíssimas palavras, conseguir imitar tão bem o relincho do cavalo.*
> *Notas de campo, 13 de julho de 2010.*

Tikã, filho de Kutxiã, tem apenas 11 meses e adora cavalos. Apesar da pouca idade, o menino não pode ver seus irmãos mais velhos andando de cavalo que começa a apontar para o animal, pedindo para que alguém o leve para dar uma voltinha (Figura 22). Andar de cavalo pela aldeia sem um destino certo, pelo simples prazer de aventurar-se sobre o animal é uma prática muito desejada pelas crianças pataxó.

Figura 23 – Andando de bicicleta

Fonte: o autor

Assim como os cavalos, as bicicletas também despertam grande interesse dos Pataxó (Figura 23), mas não somente das crianças. Além de ser objeto de brincadeiras, a bicicleta é um meio de transporte bastante funcional. Como os Pataxó precisam frequentemente se deslocar entre as aldeias e para a cidade de Carmésia, as bicicletas são muito utilizadas nesses deslocamentos. Levar recados e buscar encomendas são excelentes pretextos para as crianças darem algumas voltinhas em suas bicicletas, que muitas vezes são herdadas de irmãos e parentes mais velhos. Como é utilizada tanto por adultos quanto por crianças, muitas vezes os pais compram bicicletas grandes, com rodas aros 18 ou 20. Isso, a priori, poderia ser um empecilho à aprendizagem das crianças pequenas, mas o que se pode observar é que essa particularidade apenas deixa a tarefa mais instigante e desafiadora. Mesmo sem estaturas adequadas para andar nas bicicletas na posição convencional, ou seja, assentadas no selim, as crianças reinventam a maneira de andar de bicicleta e aprendem a andar de outras formas.

> Observando Itxai (7) andando na bicicleta de sua família pude perceber que o menino consegue habilmente pedalar a bicicleta sem precisar assentar-se no selim. Para isso o menino empreende um movimento de deambulação sobre o quadro da bicicleta para que seus pés consigam acompanhar toda a extensão do movimento circular do pedal. Goyá (5) e Tawá (7) também executam movimentos parecidos, porém sem apoiar no quadro de suas bicicletas, que possuem um formato diferenciado. As meninas pedalam como se estivessem flutuando apoiadas apenas pelos pés nos pedais. Notas de campo, 29 de junho de 2010.

A aprendizagem dessa tarefa inicia-se bem cedo. Andando de carona com seus pais ou equilibradas no selim com o auxílio dos irmãos mais velhos, as crianças pataxó experimentam a sensação de se deslocar equilibrando-se sobre duas rodas.

> Ao que parece esse desejo de andar de bicicleta é algo que vem se constituindo desde a mais tenra infância. Depois de dar algumas voltas Miruã (11) colocou seu irmão Tikã (11 meses) assentado no selim da bicicleta e empurrou-o devagarzinho como se desejasse que o irmão, que ainda não caminha, experimentasse a sensação de andar de bicicleta. Entrecruzando esta cena, Biára passou pedalando sua bicicleta, recém-comprada de Mãgute, com seu filho Bugaí (2) em pé no quadro com as mãos apoiadas no guidom. Notas de campo, 29 de junho de 2010.

Comparando os processos de aprendizagem do caminhar e do andar de bicicleta, Ingold[164] chama a atenção para a importância da participação dos adultos, ou sujeitos mais experientes, em ambas as tarefas. Apesar de reconhecer a particularidade da aprendizagem de cada uma dessas tarefas, o autor acrescenta que se a aprendizagem do ciclismo depende de um processo intimamente ligado ao contexto de interação social, ou seja, só se aprende a andar de bicicleta se existir alguma para andar, então o mesmo aplica-se ao andar. Em outras palavras, é tão errado supor que o ciclismo é "dado" exogenamente (independente do organismo humano), como é supor que a caminhada é "dada" endogenamente (independentemente do ambiente). Ambas, caminhada e ciclismo são habilidades que emergem do contexto relacional, do envolvimento da criança no seu entorno e, portanto, são propriedades de um sistema de desenvolvimento constituído por essas relações[165].

Assim como em outros contextos, brincar de carrinho é uma prática feita frequentemente pelas crianças pataxó. Realizada geralmente por meninos, essa brincadeira ganha requintes e sofisticação na construção de seu espaço. Pistas, trajetos e garagens são construídos com materiais simples que se tem à mão e o resultado final é um grande cenário lúdico (Figura 24 A e B).

Figura 24 – Brincando de carrinho

Fonte: o autor

O que mais chama atenção na brincadeira de carrinho é a frequência e a repetição dessa tarefa. A impressão de que se tem é que as crianças estão o tempo

---
[164] INGOLD, 2000.
[165] *Ibidem.*

todo repetindo sistematicamente a mesma atividade. A repetição muitas vezes é vista como algo antagônico à criação. Nesse sentido, Hallam e Ingold[166] afirmam que nada que as pessoas fazem, ou qualquer outro organismo, é repetido de maneira exata. Nenhum sistema de repetição pode ser perfeito, e é precisamente porque as imperfeições do sistema acontecem que as correções contínuas são feitas e toda repetição envolve improvisação[167]. Brincando repetidas vezes de carrinho as crianças improvisam e criam formas de agir com seus brinquedos e com o cenário no qual a brincadeira acontece. Aprofundando esse argumento, os autores chamam a atenção para as repetições e consequentemente as transformações que ocorrem ao longo das gerações. Nesse sentido, a história é configurada como uma sequência de inovações criativas fundamentada na repetição de seus antecedentes[168]. Objetos tradicionais são aprendidos pelas novas gerações que os replicam e consequentemente os transformam. Um exemplo típico disso entre os Pataxó é um brinquedo chamado de "stop".

Figura 25 – Arminha de stop

Fonte: o autor

---

[166] HALLAM, Elizabeth; INGOLD, Tim. *Creativity and cultural improvisation*. Oxford: Berg, 2007.
[167] *Ibidem*.
[168] *Ibidem*.

Esse brinquedo é na verdade uma "arminha" de atirar, feita de bambu e que utiliza como munição pedaços de papel. Esse brinquedo é constituído por um bambu de calibre médio e outro mais fino que entra por dentro do primeiro (Figura 25). Para preparar o tiro, é necessário colocar um bolinho de papel mastigado em cada extremidade do bambu de calibre médio e empurrar um dos bolinhos das extremidades até a metade do bambu mais grosso utilizando o bambu mais fino. Para atirar, basta socar com força o bambu mais fino e o ar comprimido entre bolinhas de papel expulsará uma delas pela extremidade do bambu mais grosso. O tiro promove um grande estampido que lembra o barulho de um saco plástico quando estoura. A construção desse objeto é feita pelos próprios meninos pataxó, mas é interessante notar a participação dos adultos nesse processo.

> *Estávamos construindo uma arminha de stop próximo a um bambuzal onde podiam ser encontrados bambus finos o suficiente para fazer o brinquedo. Enquanto Txupa (14) media e cortava os pedaços de bambu, seu tio paterno passou e observou por alguns segundos o que o garoto fazia. Subitamente o adulto fez o seguinte comentário:*
> *— 'Se o bambu de dentro ficar muito apertado, racha o de fora.'*
> *Em seguida, saiu e seguiu seu caminho.*
> *Notas de campo, 23 de junho de 2010.*

A confecção do brinquedo, os locais onde podem ser encontrados os bambus apropriados, bem como as maneiras de diagnosticar possíveis problemas no funcionamento da arminha, são aprendizagens que emergem em situações corriqueiras. Na situação descrita anteriormente, percebe-se que não há uma situação formal de ensino, mas cenas cotidianas que envolvem relações em que a aprendizagem é intrínseca. Esse tipo de situação é observado também por Codonho[169], ao relatar a aprendizagem de cantigas fúnebres entre as crianças Galibi-Marworno no Amapá. Pelo fato de ninguém cantar tais cantigas de roda a não ser durante tais ocasiões fúnebres, essas não são em nenhum momento ensinadas sistematicamente (justamente pelo perigo de atrair a morte), o que pressupõe uma exímia capacidade infantil em aprender coisas que não são ensinadas, mas mesmo assim aprendidas pelo contato com outras crianças que já as conhecem, que, por sua vez, aprenderam com outras crianças.

---

[169] CODONHO, 2009.

Figura 26 – Brincando de "gudinha"

A B

Fonte: o autor

Assim como o "stop", o jogo de bolinha de gude parece atravessar as gerações entre os Pataxó. Sempre que veem as crianças brincando nos trechos de terra batida da aldeia, os adultos lembram-se de suas infâncias e vangloriam-se das diversas bolinhas que conquistavam de seus adversários nessa brincadeira. Mais conhecida pelas crianças pataxó como "gudinha", essa tradicional brincadeira possui inúmeras regras e uma gama complexa de estratégias e formas de jogar. Realizado em locais de terra batida, o objetivo principal do jogo é acertar a bolinha dentro de um buraco e em seguida acertar as bolinhas dos adversários para que se possa conquistá-las.

Para iniciar a partida os jogadores têm que "nascer", colocando suas bolinhas em qualquer lugar ou distância do buraco que é chamado de "papão". Em seguida, o primeiro jogador tenta acertar sua bolinha dentro do papão do lugar de onde ele havia nascido (Figura 26 A). Em caso de acerto, o jogador tem a chance de atingir a gudinha dos adversários arremessando-as do papão (Figura 26 B). Em caso de erro, a gudinha deve ser deixada no local onde parou após o arremesso. Quando um jogador acerta a gudinha do adversário depois de jogar no papão, ele ganha essa gudinha. As crianças pataxó costumam iniciar o jogo com várias gudinhas. No entanto, utilizam apenas duas para jogar, uma gudinha maior e mais pesada para arremessar e outra menor e mais leve para deixar no chão quando os adversários tentam acertá-la.

As crianças utilizam algumas expressões para designar atitudes e estratégias no jogo. Quando um jogador fala para o outro a expressão "limpes", significa que o adversário terá que limpar o terreno ao redor de sua gudinha. Se o outro disser primeiro "nodolimpes", significa que o mesmo se resguarda no direito de deixar o terreno ao redor da gudinha do jeito que estava. Quando um jogador tenta acertar a gudinha do adversário durante o arremesso do papão um deles pode pedir o "coves". Isso significa que o jogador cuja gudinha será mirada pelo adversário irá posicionar seu pé atrás da gudinha servindo de barreira. Se a gudinha acertar no pé, voltar e acertar a mesma, o arremessador ganha a gudinha atingida. Se a gudinha bater e parar na frente da outra, o jogador seguinte poderá dar um "leves" ou "coques". Isso acontece quando o jogador tem sua gudinha posicionada atrás da gudinha de seu adversário e na direção do papão no momento de seu arremesso. O coques é apenas um toque que o jogador dá com sua gudinha na bolinha de seu adversário, eliminando a necessidade de arremessá-la no "papão". Dessa forma, ele pode ir direto até o papão e tentar acertar as gudinhas de seu adversário. No "leves", o jogador arremessa sua gudinha contra a gudinha do adversário para tentar aproximá-la do papão. Se por ventura a bolinha do adversário cair dentro do papão nesse momento, esse terá que dar duas gudinhas ao jogador que a arremessou lá dentro. Antes de dar o leves, os jogadores podem dizer "quero mil" ou "só do um". Quando um jogador diz quero mil, significa que ele está garantindo o direito de dar até mil leves na gudinha de seu adversário até decidir arremessar no papão. No entanto, o outro jogador pode se adiantar e dizer antes: só do um, e garantir o direito de fornecer apenas uma chance de leves ao seu adversário.

Essas expressões e possibilidades táticas criam um diálogo astuto de vocabulário próprio durante o jogo. Acertar uma pequena bolinha de vidro a alguns metros de distância é apenas uma das várias habilidades que um jogador de gudinha precisa desenvolver. Tomar decisões rápidas, pensar estrategicamente e tirar proveito das possibilidades que o espaço oferece são algumas das qualidades que compõem um bom jogador de gudinha. Ao observar o jogo de bolinha de gude entre as crianças do bairro Taquaril, em Belo Horizonte, e das crianças pataxó do Imbiruçu, Carvalho[170] chama a atenção para a complexidade e dinamicidade das regras desse jogo. O autor acrescenta ainda que o brincar pressupõe aprendizagens sociais, ou seja, conhecimentos sobre suas formas, vocabulário típico, tipos de interações condizentes, as regras de sua construção e transgressão.

---

[170] CARVALHO, 2007.

Figura 27 – O jogo do "taco"

Fonte: o autor

O jogo do "taco", também conhecido em outros contextos como "bets" ou "bente-altas" é muito praticado pelas crianças pataxó (Figura 27). Jogado em duplas, a brincadeira se desenrola com duas estratégias diferentes. Uma dupla tenta arremessar uma bolinha com o objetivo de acertar as garrafas que ficam aproximadamente a 10 metros de distância dos arremessadores. A outra dupla fica próxima das garrafas com um taco de bambu em punho para acertar a bolinha arremessada pelos adversários e evitar que as garrafas sejam derrubadas. Todas as vezes que a bolinha é isolada pelos jogadores que estão com os tacos, esses tentam trocar de lugar 10 vezes. Se conseguirem realizar essas trocas, vencem o jogo, mas se a dupla de arremessadores conseguirem acertar a garrafa com a bolinha, assumem o lugar da dupla que estava com o taco para tentar isolar a bolinha, realizar as 10 trocas e vencer o jogo.

Em todas as brincadeiras existem aquelas crianças que são considerados exímias jogadoras. O interessante é que nem sempre um bom jogador de taco também é um bom jogador de gudinha, ou um bom jogador de futebol é um bom jogador de taco. Kawatá (15) é um bom exemplo disso. O menino não é considerado um bom jogador de futebol, mas no jogo de taco é um dos melhores. Essa disparidade de status faz com que haja uma constante transição de papéis nas práticas de seu dia a dia. As comunidades de práticas das quais Lave e Wenger[171] se referem na teoria da Aprendizagem Situada não estabelecem limites étnicos, etários ou de gênero que as determinem. Ainda que esses fatores possam influenciar as relações entre as pessoas, o que caracteriza fundamentalmente uma comunidade de prática é o envolvimento compartilhado de um grupo de sujeitos em uma determinada prática[172]. Dessa forma, as crianças pataxó transitam por diversas comunidades de prática com diferentes níveis de acesso e estabelecendo diferentes papéis em seu cotidiano.

A figura do veterano e do aprendiz não se estabelece pela lógica onde o primeiro ensina e o segundo aprende. Suas atribuições se estabelecem pela história, envolvimento, habilidade e experiência de cada sujeito em uma determinada prática. O veterano não necessariamente ensina algo ao aprendiz, mas muitas vezes estabelece com o mesmo um papel de mediador, alguém que viabiliza o acesso.

> De tarde os meninos me chamaram pra jogar taco. Começamos Akehe (13) e eu, contra Miruã (11) e Txupa (14). Logo Aióira (12) chegou e fez a primeira de fora. Em seguida, Sirnã (15), também entrou no rodízio de espera. Achei interessante a menina jogar e ser aceita, pois até então só havia visto meninos jogando. Pela habilidade e o conhecimento das regras, a menina demonstrava já ter participado dessa prática outras vezes. Itxai (7) não jogava, mas brincava de se equilibrar em umas toras logo ali ao lado. Acredito que pela pouca idade sua presença no jogo de maneira efetiva ainda não *fosse permitida*.
> Rapidamente anoiteceu e a prática ficou prejudicada pela pouca visibilidade da bolinha. As crianças decidiram trocar de atividade e escolheram uma brincadeira mais propícia ao cair da noite; o "pique-esconde". Todos se dirigiram para o antigo casarão onde o pique iria funcionar. Tapitá (14), Mãtxó (11), Kukoín (11), Itxai (7), Puhuy (10) e até a pequenina Ipakey (4) se integraram ao grupo que jogava taco para brincar de pique-esconde. A pequena Ipakey participava como uma espécie de "carta branca", corria, escondia e batia seu nome no pique, mas não era escolhida pra contar. Em certo momento Txupa disse:
> — 'Deixa ela bater!'

---

[171] LAVE; WENGER, 1991.

[172] *Ibidem*.

> *Pedindo ao pegador para não bater o nome dela, para que a menina tivesse a chance de se "salvar".*
> *Notas de campo, 25 de março de 2010.*

Nota-se nessa passagem que os acessos de Itxai (7) ao jogo de taco e no pique-esconde foram diferentes. A não permissão a um jogo pode se estabelecer tacitamente ou de forma deliberada, quando um jogador veterano impede um aprendiz de se integrar à prática. Entretanto, é possível observar também situações opostas, quando o aprendiz ocupa o lugar de "carta-branca". Tal expressão é comumente utilizada em diversos contextos informais de brincadeiras infantis brasileiras e se refere a uma forma de participação das crianças nas brincadeiras sem que haja sobre elas as mesmas responsabilidades e atribuições dos demais integrantes. Ao estudar a aprendizagem do futebol em um campo de várzea da cidade de Belo Horizonte, Faria[173] discute essa forma de participação como uma interessante forma de inserção e acolhimento do aprendiz nas práticas compartilhadas com sujeitos mais experientes. Ainda sobre a nota anterior, foi possível observar, pela inciativa de Txupa (14), Ipakey (4) exercendo esse lugar de "carta-branca" no pique-esconde. O adolescente, veterano na brincadeira, facilitou o acesso da menina à brincadeira, proporcionado sua inserção de forma legitimada e adequada à sua capacidade de agência.

Nos jogos, brinquedos e brincadeiras as crianças pataxó se envolvem, participam, aprendem e tornam-se grandes conhecedores de uma infindável gama de práticas lúdicas. Esse aspecto lúdico presente nas brincadeiras não se dissocia do contexto em que são gerados, e a aprendizagem dessas práticas está intimamente ligada aos diversos aspectos que compõem as demais práticas da aldeia. Brincando, as crianças aprendem e percebem-se no mundo à sua volta. Para as crianças, o brincar é uma forma singular de produção e apropriação do conhecimento[174].

---

[173] FARIA, 2008.

[174] DEBORTOLI, José Alfredo. Com olhos de crianças: a ludicidade como dimensão fundamental da construção da linguagem e da formação humana. *Licere*, Belo Horizonte, v. 2, n. 1, p. 105-117, 1999.

4

LAZER, TRABALHO E APRENDIZAGEM

É pertinente compartilhar nesse momento algumas questões, suscitadas ao longo da realização da pesquisa, sobre o entendimento de lazer e trabalho como práticas sociais permeadas de relações de aprendizagem. Entretanto, pela abrangência dos temas, não se tem a pretensão de exaurir essas questões no capítulo que se segue. Buscando uma melhor compreensão sobre essas relações e o contexto pataxó, estabeleço paralelos com outras sociedades indígenas e não indígenas.

4.1 LAZER E EDUCAÇÃO

É conveniente refletir se o conceito de lazer, ao menos como academicamente tem sido tratado, é aplicado ao contexto da pesquisa em questão. As definições atribuídas a esse conceito estão intimamente ligadas à organização do tempo e às maneiras de conceber a vida, e isso irá se estabelecer de distintas maneiras, de acordo com contexto socio-histórico. Os gregos foram os pioneiros ao constituir uma concepção de vida social chamada *scholé,* que fazia referência a uma forma de organização da sociedade na qual os homens deveriam trabalhar pouco e utilizar seu tempo livre para entreter-se da forma mais nobre possível[175]. Apesar de a grafia do termo se aproximar mais da palavra escola, significava uma concepção de vida voltada para educação de si mesmo, um tempo para poder se dedicar ao culto do corpo e do espírito. Camargo[176] acrescenta ainda que essa concepção grega de modo de vida foi bastante difundida pela civilização romana. As etimologias das palavras negócio (do latim *necotium* — nada de ócio) e trabalho (do latim *tripalium* — instrumento de tortura) são bastante reveladoras nesse sentido.

Embora reconheça a noção *scholé,* ou seu correspondente em latim *licere,* Carmargo[177] descarta uma relação desse período com a noção moderna de lazer. Essa contestação sobre a origem do lazer na Grécia Antiga foi enfa-

---

[175] CAMARGO, Luiz Octávio de Lima. Sociologia do lazer. *In*: ANSARAH, Marília Gomes dos Reis. *Turismo*: como aprender, como ensinar. 3. ed. São Paulo: Editora Senac, 2001. v. 2.

[176] *Ibidem.*

[177] CAMARGO, 2001.

ticamente difundida pelo sociólogo francês Joffre Dumazedier, que buscou fundamentar o entendimento do lazer como um fenômeno moderno. Em sua obra *Lazer e Cultura Popular*, Dumazedier[178] afirma que o lazer não existiu nas sociedades pré-industriais, tampouco no período arcaico. Sua afirmação se fundamenta no entendimento do lazer como um tempo de liberação do trabalho e, por conseguinte, o primeiro não deveria suprimir o segundo e sim pressupô-lo. Para o autor, o lazer é compreendido como um conjunto de ocupações às quais o indivíduo pode entregar-se de livre vontade, seja para repousar, divertir-se, recrear-se e entreter-se ou para desenvolver sua informação ou formação desinteressada, sua participação social voluntária ou sua livre capacidade criadora após livrar-se ou desembaraçar-se das obrigações profissionais, familiares e sociais[179].

Autores mais contemporâneos têm se debruçado sobre a temática do lazer com o intuito de propor conceitos mais atuais para o tema. Marcellino[180], ao rever sua compreensão sobre esse fenômeno, propõe que o lazer deve ser entendido como a cultura, compreendida em seu sentido mais amplo, vivenciada no tempo disponível. O autor enfatiza ainda o caráter "desinteressado" dessa vivência em que não se busca outra recompensa além da satisfação provocada pela própria situação[181]. Para além do conceito, Marcellino[182] alerta para o não entendimento do lazer de maneira isolada, sem relação com as outras esferas da vida social.

Em concordância com a noção de lazer enquanto expressão da cultura e em relação com outras esferas da vida, Gomes[183] conceitua o lazer como uma dimensão da cultura constituída pela vivência lúdica de manifestações culturais no tempo/espaço conquistado pelo sujeito ou grupo social, estabelecendo relações com as necessidades, os deveres e as obrigações, especialmente com o trabalho produtivo. A autora ressalta ainda que, enquanto dimensão da cultura, o lazer é dinâmico e, se por um lado é marcado pela diversidade, por outro constitui e é constituído pelas identidades distintivas de cada grupo social[184].

---

[178] DUMAZEDIER, Joffre. *Lazer e cultura popular*. 3. ed. São Paulo: Perspectiva, 2004.

[179] *Ibidem.*

[180] MARCELINO, Nelson. *Lazer e Educação*. 2. ed. São Paulo: Papirus, 1990.

[181] *Ibidem.*

[182] *Ibidem.*

[183] GOMES, Christianne Luce. Verbete Lazer – Concepções. *In*: GOMES, Christianne Luce (org.). *Dicionário Crítico do Lazer*. Belo Horizonte: Autêntica Editora, 2004. p. 119-126.

[184] GOMES, Christianne Luce. Lazer e descanso. Seminário Lazer em debate, 9, 2008, São Paulo. *Anais* [...]. São Paulo: USP, 2008. p. 1-15.

APRENDIZAGEM PELOS "FAZERES-SENTIDOS": AS PRÁTICAS COTIDIANAS DAS CRIANÇAS PATAXÓ

É fato que não há um consenso acadêmico a respeito da origem história do lazer, tampouco sobre sua conceituação. Porém, é possível identificar a recorrência de tentativas de se relacionar o lazer a outras esferas da vida, ao invés de defini-lo pelo contraste com essas. Uma das funções atribuídas ao lazer por Dumazedier[185] é o seu caráter de desenvolvimento, entendido pelo autor como uma forma de aprendizagem voluntária que contribui para o surgimento de condutas inovadoras e criadoras. Com um intuito mais evidente de aproximar as relações entre lazer e educação, Requixa[186] entende que essa última deve ser entendida como o grande veículo para o desenvolvimento, e o lazer, um excelente e suave instrumento para impulsionar o indivíduo a desenvolver-se, aperfeiçoar-se, ampliar os seus interesses e a sua esfera de responsabilidades.

Ao fazer essa relação, o próprio autor atenta para o fato de que o lazer não deve ser visto apenas como um meio ou instrumento de educação e propõe um duplo aspecto educativo do lazer — como veículo e como objeto de educação. Inspirado por essa proposta de educação "para" e "pelo" lazer, Marcellino reforça duas premissas. A primeira, que o lazer é um veículo privilegiado de educação; e a segunda, que para a prática propositiva das atividades de lazer é necessário o aprendizado, o estímulo, a iniciação, que possibilitem a passagem de níveis menos elaborados, simples, para níveis mais elaborados, complexos, com o enriquecimento do espírito crítico, na prática ou na observação[187]. Em sua obra *Lazer e Educação*, Marcellino[188] faz uma relação entre lazer e educação escolar procurando compreender como essa última prepara os sujeitos para a ocupação do tempo. Com isso, a proposta da obra volta-se para concepção de uma "pedagogia da animação", cuja expressão torna-se mais tarde o título de outro livro do autor, uma alternativa educacional que considere o lazer como parte integrante do processo educativo.

Saindo um pouco do universo escolar e buscando uma relação mais ampliada do termo Educação, Alves, Gomes e Rezende[189] propõem uma discussão do lazer com aquilo que os autores chamam de "educação não formal". Reconhecendo a imprecisão do termo, os autores ressaltam que não

---

[185] DUMAZEDIER, 2004.

[186] REQUIXA, Renato. Conceito de lazer. *Revista Brasileira de Educação Física e Desporto*, n. 42, p. 11-21, 1979.

[187] MARCELLINO, 1990.

[188] *Ibidem*.

[189] ALVES; GOMES; REZENDE, 2005, p. 63.

consideram a expressão totalmente apropriada para a discussão que gostariam de desenvolver, pois parece uma negação ou antítese da educação formal. Contudo, entendem ser a expressão que mais se aproxima do entendimento que pretendem fazer sobre o tema lazer e educação.

Nessa proposta de se pensar o processo educativo e formativo a partir de uma concepção menos restrita ao contexto escolar, os autores aproximam a discussão do lazer de outros contextos de aprendizagem, reconhecendo a importância das ações da prática, dos saberes e dos fazeres cotidianos[190]. Esse entendimento de educação não formal se aproxima, em alguma medida, da concepção proposta por Lave e Wenger[191] sobre as aprendizagens situadas nas práticas cotidianas. Vale ressaltar a importância dessa mudança de olhar sobre o tema da educação para se discutir suas relações com o lazer. Entretanto, os autores mantêm a discussão dos temas pautando suas abordagens pelo viés do ensino, indicando que, na perspectiva da educação não formal, as vivências de lazer são perpassadas por uma mediação pedagógica, uma habilidade imprescindível ao educador do lazer. Nessa prática, nem sempre os profissionais exercem os papéis de "professores de lazer", mas, certamente, estão na condição de educadores em todos os espaços que atuam[192].

Reconhecendo que a discussão dessa temática é extensa e que os referenciais aqui expostos são apenas uma parcela desse universo de produção acadêmica, o que se pode apreender até o momento é que as discussões no campo do lazer que têm abordado o tema da educação, o fazem por um viés propositivo. O que se pretende aqui é um deslocamento de perspectiva para que se possa propor uma abordagem estritamente analítica sobre a relação lazer e educação. Para tanto, opto pela substituição do termo Educação por Aprendizagem, a fim de reiterar a abordagem proposta, desassociando o tema da noção de ensino.

4.2 LAZER E APRENDIZAGEM

Para adentrarmos na temática do lazer e da aprendizagem no contexto pataxó, convém indagar sobre a relação tempo/espaço nas sociedades indígenas e urbanas. Ao tratar desse assunto, Nunes[193] lança luz sobre as relações espaço-temporais experimentadas pelas crianças A úwe-Xavante. Nessa

---

[190] *Ibidem.*
[191] LAVE; WENGER, 1991.
[192] ALVES; GOMES; REZENDE, 2005, p. 63.
[193] NUNES, 2002.

APRENDIZAGEM PELOS "FAZERES-SENTIDOS": AS PRÁTICAS COTIDIANAS DAS CRIANÇAS PATAXÓ

etnia, a fase correspondente à infância é marcada pelo que consideramos ser uma enorme liberdade na vivência do tempo e do espaço e das relações societárias, que por meio desses se estabelecem antecedendo ao período de transição para a idade adulta que, então, inaugura limites e constrangimentos muito precisos. A autora acrescenta ainda que essa liberdade vivenciada pelas crianças xavantes permite a elas uma melhor compreensão de seu universo pela partilha do social[194].

Essa liberdade experimentada pelas crianças nos contextos indígenas muitas vezes proporciona a elas um importante papel de mediadoras dos diversos grupos sociais. Esse aspecto é colocado em relevo por Tassinari[195] quando cita diversos exemplos em sociedades indígenas nas quais as crianças desempenham o papel de informantes e mediadoras entre os adultos. No Guarani, as crianças pataxó levam recados, encomendas, marcam encontros e estabelecem a comunicação entre as pessoas da aldeia e, às vezes, até fora dela.

> *Mibkoy (6), Txakin (7), Goyá (5) e Tawá (7) jogavam futebol em frente à casa de Tapuritú quando a partida foi interrompida por alguns minutos. Koriê, motorista da ambulância, trazia as contas de energia de algumas casas do Guarani e pediu a Mibkoy para entregar as contas do senhor Nitinawã, seu avô, e Tapuritú seu tio. Txakin ficou incumbido de entregar as contas de Epotôy, sua tia, e Tsiápa, sua avó.*
> *Notas de campo, 20 de abril de 2010.*

Essas funções também são observadas por Cohn[196], entre as crianças Xikrin do Bacajá, um subgrupo Kayapó. Segundo a autora, essa função de mensageira é atribuída às crianças, pois os Xikrin consideram que as crianças não possuem o *pia'am*, que significa vergonha e respeito, que caracteriza a relação dos adultos entre si[197]. Também entre os Maxakali, as crianças pequenas circulam livremente entre todas as casas, ocupam o pátio central da aldeia com suas brincadeiras e são as mensageiras entre os diversos grupos familiares; transmitindo recados e circulando pequenos objetos, notícias e acontecimentos entre as casas[198].

---

[194] *Ibidem.*

[195] TASSINARI, 2007.

[196] COHN, Clarice. *A criança indígena*: a concepção Xikrin de infância e aprendizado. 2000. Dissertação (Mestrado em Antropologia) — Universidade de São Paulo, São Paulo, 2000.

[197] *Ibidem.*

[198] ALVARES, Myriam Martins. Kitoko Maxakali: a criança indígena e os processos de formação, aprendizagem e escolarização. *Revista Anthropológicas*, ano 8, v. 15, n. 1, 2004.

Esse trânsito livre experimentado pelas crianças indígenas permite que essas tenham acesso a diversos espaços em suas aldeias. Um exemplo da autonomia e do processo de aprendizagem das crianças Xikrin está representado no termo *mari*, que na língua Kayapó, significa ouvir, fazer sentido, compreender, ensinar e aprender[199]. O processo de aprendizagem Kayapó envolve não só a transmissão de saberes, mas o fortalecimento dos órgãos sensoriais. Os Kayapó dizem que as crianças "tudo sabem por que tudo vêem e ouvem"[200].

Esse processo de aprendizagem facilitado pelo acesso aos diferentes espaços está ligado à relação de proximidade entre crianças e adultos. Entre os A'wue-Xavantes, a vivência do cotidiano das crianças não se distancia muito da dos adultos, embora seja realizada de modo diverso[201]. Para abranger a discussão sobre tempo e espaço nos contextos indígenas, Nunes[202] faz, ainda, um paralelo com o distanciamento existente entre adultos e crianças em sociedades urbanas.

Faz-se necessário ressaltar que, ao nos referenciarmos aos contextos urbanos, é preciso cautela para evitar generalizações precipitadas. Em pesquisa realizada em dois bairros de Belo Horizonte, Debortoli *et al.*[203] chamam atenção para as particularidades dos diferentes espaços da cidade. No bairro Belvedere, considerado um refúgio da elite econômica belorizontina, as relações adulto/criança são marcadas pelo distanciamento. Segundo os autores, a lógica dos edifícios opulentos, com "diversos equipamentos de lazer", deixa em segundo plano a reunião das pessoas[204]. Sobre a apropriação do espaço público nesse contexto abastado, os autores destacam ainda a escassez de relações espontâneas, de atividades que não acontecem fora de espaços e horários predeterminados. Fazendo um contraponto a isso, o bairro Confisco, constituído pela periferia deserdada da cidade, tem suas ruas como um espaço público, com possibilidade de encontro e trocas, mesmo que de forma e sentido nostálgico.[205]

---

[199] COHN, 2000.

[200] *Ibidem.*

[201] NUNES, 2002.

[202] *Ibidem.*

[203] DEBORTOLI, José Alfredo Oliveira; MARTINS, Maria de Fátima Almeida; MARTINS, Sérgio; SENRA, Estevão, Benfica; PIMENTA, Jennifer Gonçalves Ayres; BARBOSA, Raquel Souza. As experiências de infância na metrópole. *In*: DEBORTOLI, José Alfredo Oliveira; MARTINS, Maria de Fátima Almeida; MARTINS, Sérgio (org.). *Infâncias na Metrópole.* Belo Horizonte: Editora UFMG, 2008. p. 19-46.

[204] *Ibidem.*

[205] *Ibidem.*

Esse paralelo entre o contexto urbano e indígena é feito mais claramente por Carvalho[206] ao realizar o trabalho de campo de sua pesquisa no Taquaril, na periferia da cidade de Belo Horizonte, e no Imbiruçu, uma das aldeias pataxó da TIFG. Voltando o olhar sobre o repertório lúdico das crianças desses dois contextos, o autor descreve as relações dessas crianças com seu entorno, da seguinte forma:

> Taquaril
>
> Administrando suas rotinas, as crianças brincam de muitas coisas e conhecem muito da comunidade, fazem da sua permanência e circulação pelas ruas um tempo para cartografar os diferentes espaços de brincar. [207]
>
> Imbiruçu
>
> Uma característica marcante na compreensão dos usos dos espaços nas brincadeiras das crianças pataxó é o fato de esses serem ambientes da natureza. As crianças brincam e convivem em meio às árvores, aos rios, à horta, aos animais. A natureza está envolvida em seu cotidiano e em suas tarefas. [208]

Em ambas as passagens ficam implícitas a liberdade e o conhecimento das crianças dos espaços onde vivem e a suas apropriações por meio do brincar. Essa riqueza lúdica e o uso autônomo dos espaços são caraterísticas marcantes entre as crianças pataxó do Guarani. Esse fato é corroborado por Cardoso[209] ao afirmar que as crianças pataxó são criadas de forma bem solta e sem muita repreensão, correndo para todos os lados, subindo em árvores, usando e abusando da pouca água que corre pelos pequenos cursos d'água que cortam a área da reserva.

Outra característica recorrente dos contextos indígenas é a devoção de tempo e atenção dos adultos para suas crianças. Seja nas tarefas domésticas, nos trabalhos agrícolas, na caça, no futebol ou nas brincadeiras há uma notável disposição dos adultos para participação das crianças. Entre os Xavantes, Nunes chama atenção para o comportamento da mãe diante da filha na lavagem de roupas e panelas no rio.

> Lembro-me de um dia estar voltando do rio com uma mulher e sua filha de 4 ou 5 anos, a mãe levando uma cesta com roupa

---

[206] CARVALHO, 2007.

[207] *Ibidem*, p. 122.

[208] *Ibidem*, p. 114.

[209] CARDOSO, 2000.

> acabada de lavar, e a menina, atrás dela, levando uma cesta com pratos de alumínio e uma panela, igualmente lavados. Ao subir o pequeno barranco, a menina derruba tudo no chão de areia. Ao ouvir o barulho, a mãe volta-se para ver o que tinha acontecido, e depois olha pra mim. A menina não fica nem um pouco constrangida, e, enquanto a mãe pousa sua carga no chão e continua a conversar comigo, a menina vai levando de novo as coisas para o rio, para passar tudo pela água mais uma vez, fazendo boiar cada prato [...].[210]

Entre os Pataxó do Imbiruçu, Carvalho (2007) chama atenção para o envolvimento dos adultos nas brincadeiras das crianças.

> O cacique Soin Pataxó estava voltando da horta com um saco cheio de mandiocas que acabavam de ser colhidas. Ele chamou as crianças para mostrar um brinquedo [...]. Separaram as mandiocas boas das ruins (que pelo que pude entender são as que ficariam amargas ao serem cozidas), explicando às crianças como fazer para saber qual estava ruim, pela dureza da casca e disse:
> "— Essas vão para panela e essas vão para o brinquedo."
> Falando com calma, cada passo da construção do brinquedo, com a ajuda de um facão ele mostrou às crianças que podem fazer com as mandiocas 'ruins' um burrinho para brincar. O cacique lembra ainda às crianças, que no seu tempo de menino, ele morava em Barra velha na Bahia e que esse era uns dos brinquedos de que mais gostava.[211]

Entre os pataxó do Guarani é possível observar diversas situações semelhantes a essas, nas quais os adultos dispõem de seu tempo para ensinar, mediar, participar, envolver ou apenas observar as crianças em suas práticas cotidianas.

Como ressaltado por Nunes[212], "esse tempo disponível por parte de adultos e crianças para o desempenho de determinadas tarefas" é uma característica marcante nos contextos indígenas. Entre os Maxakali, Alves [213] também observa que "não existe um tempo determinado para cumprir nenhuma dessas esferas [de trabalho ou lazer], nem há como estabelecer um ritmo ou horário para a realização das atividades cotidianas da vida Maxacali". No Guarani, essas relações espaço/temporais estão imbricadas em uma lógica muito peculiar.

---

[210] NUNES, 2002, p. 75.

[211] CARVALHO, 2007, p. 113.

[212] NUNES, 2002, p. 7.

[213] ALVES, 1999, p. 66.

APRENDIZAGEM PELOS "FAZERES-SENTIDOS": AS PRÁTICAS COTIDIANAS DAS CRIANÇAS PATAXÓ

> *Enquanto os meninos pescavam fui ao pé de jabuticaba com Kayãbá, Tãikotxó, Aió (16), Kawatá (15) e Aióira (12). Chegando lá, Sirnã (15) e Mãtxó (11) estavam caladinhas dependurada em um pé logo ao lado. As pessoas chegavam a todo o momento e os pés de jabuticaba ficavam cada vez mais disputados. Fiquei intrigado com o fato de estarmos em uma quarta-feira, às 14:30, e vários adultos e crianças com tempo disponível para subir nas árvores e se deliciar com seus frutos.*
> *Notas de campo, 14 de outubro de 2009.*

Esse ritmo de vida no Guarani se materializa no fato de que por lá quase ninguém usa relógio. Como tenho o hábito de fazer uso desse instrumento, durante boa parte do trabalho de campo exerci a função de "informante do tempo". Apesar disso, era notável que a hora do dia não determinava o ritmo, ou o começo e término, de suas tarefas cotidianas. Com exceção dos momentos em que trabalham em empreitadas, como no reflorestamento das nascentes ou na construção do posto de saúde, onde os horários de chegada e saída são controlados pelos contratantes de fora da aldeia, os Pataxó não possuem uma relação de dependência com o tempo determinado pelo relógio.

É válido ressaltar que os Pataxó do Guarani possuem um histórico considerável de contato com a sociedade nacional e que vivem há décadas muito próximos aos centros urbanos[214], por isso não estão totalmente alheios aos ritmos de vida que regem a vida urbana. Entretanto, a escola, uma instituição marcada pela lógica do tempo cronometrado, em que a rotina diária é determina pelos minutos, no Guarani, essa instituição tem seus ritmos reestruturados.

> *Estive na escola pela manhã, onde estudam, nesse turno, as crianças com idades entre 9 e 12 anos. Havia aproximadamente seis crianças na escola e faziam suas atividades nas mesas do pátio central. Não tinha ninguém nas salas. A professora, esposa do cacique, e os alunos conversavam sobre vários assuntos e faziam a atividade ao mesmo tempo. Quando cheguei, demorei a perceber que, naquele momento, as crianças estavam tendo aula. As pessoas chegavam e saíam com imensa naturalidade, em um ambiente calmo, onde as crianças mantinham-se serenas e concentradas suas atividades. Num determinado momento uma garota sugeriu à professora:*
> *— 'Vamos passar pra Ciências agora, professora?'*
> *Notas de campo, 27 de julho de 2009.*

---

[214] A aldeia está localizada a aproximadamente 200 quilômetros de Belo Horizonte, uma das maiores capitais do país, a 50 quilômetros de Guanhães, uma cidade com população de aproximadamente 30 mil habitantes e a seis quilômetros de Carmésia, cidade mais próxima da reserva.

Quando precisam sair da aldeia para fazer consultas médicas ou participar de eventos nas cidades, os Pataxó não têm dificuldade para se organizar e cumprir horários predeterminados e essas relações de ritmos divergentes de vida, dentro e fora da aldeia, são habilmente manejados por eles. O Guarani preserva uma relação temporal bastante peculiar que está intimamente ligada ao uso do espaço e da apropriação das práticas sociais que regem a vida nesse contexto, mas isso não os impede de estabelecer relações bem-sucedidas com a dinâmica urbana que os cerca.

4.3 LAZER E TRABALHO

Após essa breve narrativa sobre os temas lazer e aprendizagem e as relações espaço-temporais nos contextos urbanos e indígenas, faz-se necessário levantar uma questão para que possa alinhavar a discussão desses temas com o relato sobre as aprendizagens das crianças pataxó descritos no capítulo anterior. Buscando um entendimento dos termos lazer e trabalho como práticas sociais, o que podemos dizer de suas relações com o processo de participação, engajamento e aprendizagem das crianças pataxó em seus cotidianos? Para delinear uma narrativa apropriada para tal indagação, convém retomar a análise de algumas práticas cotidianas e iluminar alguns aspectos que permanecem em suspenso.

4.3.1 A bola

Entre as práticas pataxó que possuem um caráter marcadamente lúdico, é válido pôr em destaque o futebol; pela abrangência de participantes e importância atribuída a essa prática no contexto pataxó. No Guarani, o futebol envolve crianças, jovens e adultos, promove a construção de espaços pensados ou improvisados, e atravessa a rotina da aldeia em diversos momentos. O futebol pode ser observado em pequenos trechos de grama, no chão de terra batida, nos quintais ou em qualquer metro quadrado onde as crianças possam jogar entre si, como os adultos ou até mesmo sozinhas. No outro extremo da manifestação dessa prática, existem os jogos que são organizados entre aldeias, ou com equipes de fora, com uniformes, árbitro, num campo com dimensões oficiais, em que quase a totalidade da aldeia se desloca para assistir e participar.

Nesse cenário, que se desenvolve em tempos e espaços diversos, podemos trazer para a discussão os processos de participação e engajamento das crianças pataxó. Em diversos lugares e momentos essas crianças compartilham de vivências do futebol que parecem inesgotáveis. Em outros contextos brasileiros pode-se observar situações semelhantes, como no relato que segue, no qual Faria chama atenção para a descrição de uma mãe sobre a imersão cotidiana de seu filho na prática do futebol:

> Nóh! A vó dele brigava porque ele ficava jogando bola no terreiro, quebrava os vidros tudo da casa da vó dele. Quebrava os vidros da casa do tio dele [...] O negócio dele era bola. Ele ia chegando da escola e ia procurando a bola. Até hoje, ele fica aqui, daí a pouquinho na hora que o meu sobrinho chega ele vai lá pra rua ficar jogando bola com ele. [...] Ele chega aqui, daí a pouquinho ele fala assim, vou lá no campo jogar uma bola. Ele não perde a mania de bola de jeito nenhum; ele prefere a bola do que um prato de comida.[215]

Entre os Xavantes, Vianna aponta para a resistência da prática do futebol perante as intempéries do clima e as demandas do trabalho agrícola. Segundo ele, nem a época de chuvas fortes nem a intensidade do trabalho na roça parecem implicar diminuição na atividade futebolística, e é com a realização dos rituais xavantes que o fluxo e refluxo do esporte despontam como mais visível.[216]

Nessa obsessão pela prática, observada em contextos indígenas e urbanos, o que se põe em revelo é uma gama de processos de aprendizagem que não se pautam pela relação ensino/aprendizagem. Ao pesquisar a aprendizagem do futebol dentro e fora da escola, em contextos urbanos, Faria relata a queixa de uma professora de Educação Física sobre a resistência de seus alunos às suas intervenções na prática do futebol: "esses alunos não têm jeito, não se pode ensinar/propor nada".[217] Essa mesma professora afirma que "o menino já acha que chega na escola sabendo futebol".[218] Esses relatos nos ajudam a entender que os processos de aprendizagem do futebol, em diversos contextos dessa prática, independem de um ensino deliberado. Ao pesquisar o futebol em um bairro periférico paulistano, Spaggiari pergunta a um garoto o que ele achava que tinha aprendido antes de ir para a escolinha de futebol.

> Antes da escolinha, já na rua, você aprende as noções básicas. Chutar, cabecear, marcar e tal, mas é muito por sensibilidade

---

[215] FARIA, 2008, p. 119.
[216] VIANNA, 2008, p. 112.
[217] FARIA, 2008, p. 81.
[218] *Ibidem.*

> sua. Não é porque alguém está orientando. É uma coisa mais de você olhar os outros e ir aprendendo. Às vezes, um toque de um amigo seu ou outro, mas ali no meio do futebol aquela coisa está envolvendo a emoção: 'Pega, marca lá e tal'.[219]

Ingold[220] concordaria com a observação do garoto de que o "aprender" passa por uma "sensibilidade [...], não porque alguém está orientando [...], uma coisa mais de você olhar os outros e ir aprendendo".[221] Para Ingold, o problema sobre a noção de percepção passa pelo entendimento equivocado de que essa se resume a um processo de "atravessar" de fora para dentro, do macrocosmo do mundo para o microcosmo da mente[222]. A sensibilidade que o garoto nos diz está ligada ao processo que Ingold [223] chama de "educação da atenção" e a crítica que o antropólogo faz à noção de percepção como uma via de mão única, ou seja, "de fora para dentro", na verdade envolve processos muito mais amplos, ou como afirmaria o garoto, "no meio do futebol aquela coisa está envolvendo a emoção".[224] Nesse sentido, as dicotomias entre razão e emoção, cognição e ação ou mente e corpo perdem sentido quando se propõe uma análise sobre as aprendizagens cotidianas, nos mais variados contextos, a partir de uma perspectiva ecológica.

4.3.2 O facão

Diversas práticas desenvolvidas pelos Pataxó em seu cotidiano ligadas ao sustento das famílias envolvem o uso habilidoso de vários instrumentos. Como dito no capítulo anterior, o uso do facão inicia-se desde a primeira infância quando os pais constroem para seus filhos facões de madeira, com tamanho e peso apropriados para as crianças brincarem. Atitude similar pode ser observada também entre os índios xavante na construção de pequenos arcos e flechas. Segundo Nunes, os meninos xavante têm seus arcos e flechas, geralmente feitos pelo pai, tios maternos que ainda vivem na casa, ou irmãos mais velhos. Proporcionais ao tamanho de cada menino, também esses são instrumentos de verdade, ou seja, servem mesmo para caçar, e os meninos divertem-se pelas

---

[219] SPAGGIARI, Enrico. Meu professor é a bola: a dinâmica multifacetada do aprendizado futebolístico. *Revista Ponto Urbe*, v. 3, n. 5, 2009.

[220] INGOLD, 2000.

[221] SPAGGIARI, 2009, p. 10.

[222] INGOLD, 2008, p. 1.

[223] INGOLD, 2000.

[224] SPAGGIARI, 2009, p. 10.

APRENDIZAGEM PELOS "FAZERES-SENTIDOS": AS PRÁTICAS COTIDIANAS DAS CRIANÇAS PATAXÓ

imediações da aldeia, mato adentro, treinando sua pontaria e habilidade de manejo, tentando caçar algum pássaro, lagartixa ou outro animal.[225]

Seja na caça, no roçado, nas tarefas domésticas mais cruciais, no artesanato ou em outras tantas práticas, os Pataxó utilizam o facão, e diversas outras ferramentas cotidianas, com notável maestria. Ao discorrer sobre a relação entre os sujeitos e seus instrumentos de trabalho, Ingold cita o exemplo de Gregory Bateson, que fala do sistema sujeito-objeto-ambiente, a partir de seu exemplo do lenhador habilidoso golpeando com seu machado o tronco de uma árvore. Para entender o que acontece é preciso considerar integralmente a dinâmica do sistema homem-machado-árvore.[226] O sistema é, de fato, tanto mental como físico ou fisiológico, pois esses são, na verdade, descrições alternativas de uma mesma coisa. Habilidade, em suma, não é uma propriedade do corpo humano individual como uma entidade biofísica, a "coisa-em-si", mas a totalidade do campo de relações constituído pela presença do organismo pessoa, indissoluvelmente corpo e mente, em um ambiente ricamente estruturado. É por isso que o estudo da habilidade não só beneficia, mas exige uma abordagem ecológica.[227]

O manejo de instrumentos pelos Pataxó, assim como no exemplo do lenhador-machado-árvore, é marcado por um fluxo contínuo que envolve diversos agentes humanos e não humanos, em que sujeito, objeto e ambiente constituem uma relação visceral. O manejo de instrumentos cortantes como enxadas, facas e facões, feito pelas crianças do Guarani, em determinados contextos urbanos, seria algo impensável.

> À tarde, assentei com Puhuy (10) e Miruã (11) em frente à casa de Hamãtén. Os meninos brincavam com Tikã (11 meses) em uma carrocinha de madeira. Itxai (7) se aproximou na companhia de Tawá (7) e Ipakey (4), segurando algumas laranjas. O menino distribuiu as laranjas entre os demais enquanto Tawá foi buscar uma faca na casa de Siriã. Itxai descascou sua laranja com a maior naturalidade, fazendo o movimento característico de girar a laranja retirando sua casca com uma lasca contínua e espiralada. Tawá apresentava dificuldade para descascar sua laranja, tirando pequenos pedaços da casca. Por fim, a menina

---

[225] NUNES, 2002, p. 77.

[226] BATESON, Gregory. *Steps to an ecology of mind.* London: Fontana, 1973.

[227] INGOLD, Tim. Beyond Art and Technology: The Anthropology of Skill. *In*: SCHIFFER, Michael Brian. *Anthropological Perspectives on Technology.* New Mexico: UNM Press, 2001.

> *desistiu e pediu ajuda a Puhuy. Itxai riu da falta de habilidade*
> *da menina e disse:*
> — *'Tem que aprender é de pequeno'.*
> *Notas de campo, 12 de junho de 2010.*

Essa ideia de que determinadas tarefas cotidianas precisam ser aprendidas "de pequeno" é uma marca muito característica entre os Pataxó. Recordo-me de um dia que fizemos uma investida na mata para caçar um saruê, em que ficou evidente a habilidade de um menino pataxó com seu facão e o reconhecimento dos adultos sobre isso.

> *Estávamos Mandubí, Tapitá (13) e eu na mata da cotia procurando*
> *alguns saruês. Quando chegamos próximo a uma mangueira,*
> *Mandubí resolveu subir na árvore para verificar se havia algum*
> *ninho em seu tronco. Antes de subir, me entregou seu facão e fez*
> *inúmeras recomendações para que eu não me machucasse com ele.*
> *O intrigante é que, desde o início de nossa caminhada, Tapitá, de*
> *apenas 13 anos de idade, trazia seu próprio facão e o utilizava para*
> *abrir caminhos e cortar galhos, mas Mandubí não fez nenhum*
> tipo de recomendação ao menino.
> *Notas de campo, 14 de outubro de 2009.*

Esse complexo processo de aprendizagem entre sujeito e objeto está imbricado em um sistema permanente de participação e engajamento nas práticas cotidianas. O envolvimento das crianças pataxó nas brincadeiras, no futebol, nas tarefas domésticas, na produção de artesanato e no roçado é estabelecido por uma inserção voluntariosa que passa pelo desejo de fazer parte de um contexto social ampliado.

Retomando a questão colocada no início desse tópico, o que se propõe nesse trabalho é a suspensão dos termos "lazer" e "trabalho" por "práticas sociais". O que se pretende com isso não é velar ou desconsiderar suas peculiaridades, mas pôr em destaque suas relações com a vida cotidiana. A assunção de um olhar analítico sobre as aprendizagens das práticas sociais dos Pataxó ajuda a apontar para um entendimento menos contrastado dos termos lazer e trabalho. Com a bola ou com o facão, no futebol ou na mata, as crianças pataxó estão, a todo o momento, envolvidas em relações de aprendizagem. Nesse sentido, ao invés de assumir e enfatizar supostas distinções entre lazer e trabalho, procurei destacar aqui as relações de participação, engajamento e aprendizagem das crianças pataxó com uma gama de práticas sociais e cotidianas que são vividas e experimentadas de formas diversas, um fluxo contínuo de fazeres sensíveis.

5

AS CRIANÇAS E O FAZER ETNOGRÁFICO

Fazer etnografia é, sobretudo, fazer escolhas. O contexto de pesquisa, o objeto de estudo, a fundamentação teórica, a análise dos dados, assim como a escrita etnográfica propriamente dita são marcados por escolhas, estritamente particulares do pesquisador. Porém, seria ingênuo afirmar que o produto do trabalho de um etnógrafo depende unicamente de sua capacidade de agência. Tomando por base a experiência de campo de Evans-Pritchard com os Azande, em que afirma que "não tinha interesse por bruxaria quando fui para a terra Zande, mas os Azande tinham; de forma que tive de me deixar guiar por eles"[228], nem sempre é o sujeito pesquisador quem o escolhe o seu objeto de pesquisa. Apesar de ter feito inúmeras escolhas e tomando várias decisões, é preciso ressaltar o papel dos sujeitos desta pesquisa e dividir categoricamente a autoria do presente trabalho com os Pataxó do Guarani; particularmente com as suas crianças. Para assumir verdadeiramente a coautoria dos sujeitos da pesquisa em um trabalho científico, é preciso conferir legitimidade ao que outro diz, ou expressa de outras formas.

A legitimidade que se busca naquilo que o outro revela, no seu conjunto de verdades, é o exercício primordial do fazer etnográfico. Ao propor a noção de "reversão", Wagner[229] afirma que uma antropologia que se recusa a aceitar a universalidade da mediação, que reduz o significado a crenças, dogmas e certezas, será empurrada para a armadilha de ter de acreditar ou nos significados nativos, ou nos nossos próprios. Não é de crença que se trata, mas de experiência, conceitos e teorias.

A alteridade é o princípio que orienta e inflete, mas também limita a prática etnográfica[230]. Não é sabido ao certo o quanto é possível apreender, compreender e revelar os saberes da vida singular dos nativos, mas, para tal tarefa, apostei no exercício fundamental do trabalho de campo. Meu desafio

---

[228] EVANS-PRITCHARD, Edward Evan. *Bruxaria, oráculos e magia entre os Azande*. Tradução de Eduardo Viveiros de Castro. Rio de Janeiro: Zahar Editores, 1978.

[229] WAGNER, Roy. *The invention of culture*. Chicago: The University of Chicago Press, 1981.

[230] GOLDMAN, Márcio. Alteridade e experiência: antropologia e teoria etnográfica. *Etnográfica*, v. 10, n. 1, p. 116-173, 2006.

maior foi o de não assumir o ponto de vista nativo, mas compreender a lógica que se opera o modus vivendi dos Pataxó do Guarani. No entendimento de Toren, se tivéssemos de afirmar, da forma mais concisa possível, qual teria sido a contribuição da antropologia para as ciências humanas, minha resposta seria a de que o corpus formado pela etnografia de diferentes povos, em diferentes momentos e lugares, mostra, em primeiro lugar, que as pessoas tomam como evidentemente verdadeiras suas ideias sobre si mesmas e sobre o mundo que as rodeia e, em segundo lugar, que o maravilhoso é justamente o mundo habitado confirmar, em parte, todos os variados entendimentos que formamos a seu respeito[231].

Buscar uma compreensão sobre o universo da infância pataxó significa se dispor a ir além daquilo que possa ser observado e revelar a experiência compartilhada em campo daquilo que nos toca. Nos termos deleuzianos o "devir-nativo" não significa assumir o ponto de vista do outro, nem mesmo tornar-se nativo, mas ser afetado pelas mesmas forças que os afetam[232]. Favret-Saada pondera ao afirmar que não se trata, porém, da apreensão emocional ou cognitiva dos afetos dos outros, mas ao ser afetado por algo que afeta ao outro, pode-se estabelecer certa modalidade de relação concedendo um estatuto epistemológico a essas situações de comunicação.[233]

Essa condição de ser afetado e de perceber aquilo que não se revela ao olhar se estabelece pela convivência propiciada pelo trabalho de campo. Por estarem todos (etnógrafo e nativo) "afetados", cria-se uma situação de "comunicação involuntária" entre eles, que constitui a condição de possibilidade do trabalho de campo e da etnografia.[234] Nesse sentido, discorro a seguir sobre os desafios e potencialidades de se etnografar sobre e com as crianças, com base em minha experiência compartilha com as crianças pataxó do Guarani.

5.1 DEVIR-CRIANÇA

Pesquisar com as crianças é uma tarefa que revela inúmeras particularidades. Como o pesquisador invariavelmente é um adulto, é pertinente afirmar que o desafio de tal tarefa reside primeiramente no fato de que

---

[231] TOREN, Christina. Como sabemos o que é verdade? O caso do mana em Fiji. *Mana*, v. 12, n. 2, p. 449-477, 2006.

[232] GOLDMAN, Márcio. Os tambores dos mortos e os tambores dos vivos: etnografia, antropologia e política em Ilhéus, Bahia. *Revista de Antropologia*, São Paulo, USP, v. 46, n. 2, 2003.

[233] FAVRET-SAADA, Jeanne. Être Affecté. *Gradhiva: revue d'histoire et d'archives de l'anthropologie*, n. 8, p. 3-9, 1990.

[234] GOLDMAN, Márcio. Os tambores do antropólogo: Antropologia Pós-Social e Etnografia. *Revista PontoUrbe*, ano 2, 2008.

pesquisamos crianças sendo adultos. Nesse sentido, etnografar com crianças é um exercício de olhar o mundo por outra ótica; pelo ponto de vista das crianças. Esse convite ao passado, afinal todos nós fomos criança um dia, é um difícil exercício de alteridade, onde nos colocamos dispostos a perceber o mundo de outra perspectiva, sem nos esquecermos de que lugar estamos falando. Ao discorrer sobre esse assunto no texto *Ser adulta e pesquisar crianças*, Flávia Pires explora diversas possibilidades metodológicas de se fazer pesquisa com crianças.

Em sua pesquisa[235], com as crianças de Catingueira no interior da Paraíba, a autora relembra que seu primeiro mecanismo de inserção social foram visitas aleatórias ao campo.[236] Em minha experiência, o primeiro contato como pesquisador com os Pataxó do Guarani foi por meio de uma reunião na qual apresentei minha proposta de pesquisa e recebi o consentimento da comunidade para realização de tal trabalho. Apesar da formalidade estabelecida nessa situação, a hospitalidade das crianças, apresentando-me a diversas pessoas e espaços da aldeia, revelou um universo bastante promissor em minha primeira visita ao campo.

Desde então, a primeira estratégia de pesquisa foi ir ao encontro das crianças onde quer que elas estivessem. Diferentemente de Pires,[237] que tinha a sua própria casa em campo como um lugar privilegiado de encontro com as crianças, via-me diariamente à procura das crianças. Apesar de não encontrar dificuldades para encontrá-las, o cotidiano da pesquisa era sempre imprevisível. Na mata, nos campos de futebol, no interior de suas casas, ou em diversos outros espaços da aldeia, as crianças pataxó davam o norte para o surgimento dos registros de campo.

Minhas anotações eram feitas primeiramente em um pequeno bloco de papel, no qual fazia registros sucintos sobre os fatos ocorridos ao longo do dia. Apesar de evitar fazer tais anotações na frente das pessoas para não

---

[235] Tese de Doutorado em Antropologia pelo Museu Nacional defendida em 2007, intitulada "Quem tem medo do mau-assombro? Religião e Infância no semiárido nordestino". Essa tese versa sobre o processo de tornar-se adulto em uma cidadezinha chamada Catingueira, onde, em grande medida, esse processo é constituído por um tornar-se uma pessoa religiosa. A presença dos mal-assombros — é entendida, pelos adultos, como a alma dos mortos e, pelas crianças, como tudo aquilo que faz medo. Tornar-se adulto na Catingueira, portanto, implica restringir toda uma gama de possíveis mal-assombros a apenas as almas dos mortos. A hipótese da autora é que crescer implica processos de desbastamento religioso, conversão religiosa e cristianização.

[236] PIRES, Flávia. Ser adulta e pesquisar crianças: explorando possibilidades metodológicas na pesquisa antropológica. *Revista de Antropologia*, São Paulo, USP. v. 50, n. 1, 2007.

[237] *Ibidem.*

constrange-las, por vezes, as crianças percebiam e elucubravam sobre meus registros:

> *Pela manhã, assentei na varanda de casa de Mandubí, atrás de uma mureta, e fiquei observando e registrando o jogo de bola de Mibkoy (6) e Txakin (7) no pequeno trecho de grama em frente à casa de Tapuritú. Mibkoy, percebendo minha atenção sobre eles, perguntou:*
> — *'Luciano, tá anotando os gols aí?'*
> *Notas de campo, 20 de abril de 2010.*

No final do dia, lia minhas anotações e redigia o caderno de campo em meu computador pessoal. Em suas pesquisas, alguns etnógrafos falam da relação de mediação estabelecida entre os sujeitos da pesquisa e seus cadernos de campo. Em sua pesquisa intitulada *Pequenos trabalhadores nos sinais e suas experiências no cotidiano da rua: entre o "espetáculo" do malabares e as brincadeiras, os riscos e as tensões do trabalho explorado,* Campos[238] realizou seu trabalho de campo com crianças e jovens trabalhadores de um sinal de trânsito na região Centro-Sul da cidade de Belo Horizonte. Segundo ele, o fato de estar sempre sob suspeita, além de revelar o caráter de uma atividade ilícita realizada pelas crianças e jovens participantes desta pesquisa, levou-o a desenvolver algumas estratégias de aproximação com sujeitos pesquisados, como mostrar cotidianamente sua carteira de identidade estudantil e da biblioteca da universidade e disponibilizar as anotações que realizava no caderno de campo. Assim, os registros eram constantemente lidos e, não raro, solicitavam que a escrita dos dados fosse ilustrada com desenhos confeccionados por eles. Essa inusitada experiência com o caderno de campo constituiu, neste estudo, um importante meio de aproximação e interação com os sujeitos estudados[239].

Em minha pesquisa, o meu "caderno" era, por assim dizer, "eletrônico", e as relações estabelecidas com ele foram as mais variadas. Em geral, as crianças me pediam para gravar CDs de música e requisitavam o computador para brincar com joguinhos. Como na escola da aldeia havia um ponto de recepção para internet, algumas pessoas pediam meu computador para consultar seus e-mails.

---

[238] CAMPOS, Túlio. *Pequenos trabalhadores nos sinais e suas experiências no cotidiano da rua*: entre o "espetáculo" do malabares e as brincadeiras, os riscos e as tensões do trabalho explorado. 2010. Dissertação (Mestrado em Lazer) — Escola de Educação Física, Fisioterapia e Terapia Ocupacional, Universidade Federal de Minas Gerais, Belo Horizonte, 2010.

[239] *Ibidem.*

Apesar de não ter tido dificuldade para transitar pelos espaços comuns da aldeia, a escola foi um lugar no qual particularmente tentei evitar. Apesar de ser um lugar privilegiado de encontro com as crianças, não queria que elas estabelecessem comigo algum tipo de relação que pudesse aludir à relação entre professor e estudante. Em sua pesquisa na Catingueira, Pires[240] relata o desconforto que sentia quando era colocada pelas professoras de religião para assumir o papel de autoridade perante o grupo de crianças. Para evitar esse tipo de situação, priorizei encontros e registros em outros contextos da aldeia. Tentei estabelecer uma relação próxima e ao mesmo tempo isenta de responsabilidade e autoridade diante das crianças. Entretanto, sabiamente as crianças "tiravam proveito" da minha presença para ter acessos a determinados lugares.

> *Txakin (7), Itxai (7) e Miruã (11) brincavam de carrinho em frente à casa de Kutxiã. Perguntei quem havia construído a pista e Itxai respondeu que havia sido seu irmão, Miruã. Este, por sua vez, deu a ideia de interromper a brincadeira e ir pra quadra jogar bola. Itxai pediu a sua mãe que autorizou que ele e seu irmão fossem. Txakin entristeceu-se imediatamente. Em seguida, perguntei a ele:*
> *— 'Vamos lá, também?'*
> *O menino respondeu:*
> *— 'Não posso, meu pai não deixa. Só posso ir com gente grande.'*
> *Miruã interveio:*
> *— 'Fala pra ele que você vai com o Luciano.'*
> *Txakin respondeu:*
> *— 'Mas ele tá trabalhando.'*
> *Miruã insistiu:*
> *— 'Pede pra sua vó.'*
> *A avó do menino autorizou sua ida e o garoto voltou a sorrir.*
> *Notas de campo, 20 de março de 2010.*

Assim como as crianças aproveitavam da minha condição de adulto para ter maior liberdade de trânsito e agência, também me vali do status de um adulto que tinha como interesse a pesquisa com/sobre as crianças, para me deixar levar por suas travessuras e peripécias.

> *Estávamos caminhando em direção ao Alto das Posses e Akehe (13) disse que só poderíamos matar os passarinhos depois que passasse a casa de Nionnactim, cacique daquela aldeia. Quando chegamos próximo a uma casa na beira da estrada, fomos adentrando em sua direção. De repente, fomos surpreendidos pelo carro de Kayãbá*

---

[240] PIRES, 2007.

*que chegava com Aiówatá, dono daquela propriedade. Não tivemos
como nos esconder e Aiówatá nos deu uma bronca danada:
— 'Já falei que não é pra matar os passarinhos daqui!'
Rapidamente guardei meu estilingue no bolso e fingi estar apenas
acompanhando os meninos.
Notas de campo, 12 de junho de 2010.*

Nessa situação, ao menos por um instante, pude sentir a mistura de susto, medo e apreensão que as crianças pataxó sentem quando são repreendidas. Gradativamente, uma cumplicidade entre nós foi se estabelecendo. À medida que as crianças se sentiam à vontade comigo, não precisava mais ir à procura delas, pois elas é que vinham me convidar para fazer parte de seu dia a dia. Entretanto, essa afinidade não velava as distintas pré-condições de adulto e criança. Durante uma viagem que fizemos para a cidade mineira de Engenheiro Caldas isso ficou muito claro. No sábado à noite, os meninos desceram para a praça, devidamente paramentados para a apresentação da dança. Estavam todos em polvorosa, afinal estavam fazendo maior sucesso com as meninas da cidade. O mais interessante nessa situação foi que os meninos começaram a "fugir" de mim para "namorar" com as meninas.

Estar constantemente entre as crianças, compartilhar de seus cotidianos, não nos isenta da condição de adultos. Houve momentos em que isso ficou muito claro e tive que tomar decisões e agir perante as crianças da mesma forma que se esperava que qualquer outro adulto o fizesse.

*Estávamos saindo da quadra após um treino de futebol dos meninos, quando Tapitá (14) e Txupa (14) começaram a discutir. Não dei muita atenção, pois esse tipo de desavença não era raro entre eles. Entretanto, a discussão virou briga e rapidamente os meninos começaram a trocar socos e pontapés. Fiquei atônito e pensei em não intervir. De repente, Tapitá pegou uma pedra para atingir Txupa e para evitar o pior, me coloquei entre eles e apartei a briga.
Notas de campo, 16 de julho de 2010.*

Nessa situação, tentei não interferir e esperar que os meninos resolvessem o problema sozinhos. Entretanto, tive receio de que o desfecho da briga tivesse resultados mais sérios e resolvi apartá-los. Além de ter ficado preocupado com a própria integridade dos meninos, temi também pela desaprovação de seus pais diante de uma possível omissão da minha parte.

Essa laboriosa tarefa de agir assertivamente assumindo papéis distintos diante de situações diversas foi uma das habilidades que precisei desenvolver na pesquisa com as crianças pataxó. Retomando o ponto inicial, pesquisar com crianças sendo adulto é um constante "devir-criança", algo que não se traduz como semelhança ou imitação e, em última instância, identificação,[241] mas um permitir-se ao outro; especialmente nesse caso, o outro criança.

5.2 DEVIR-ANTROPÓLOGO

Segundo Peirano,[242] a pesquisa antropológica depende, entre outros fatores, da biografia do pesquisador, de suas opções teóricas, do contexto histórico mais amplo e, não menos, das imprevisíveis situações que se configuram no dia a dia no local da pesquisa, entre pesquisador e pesquisados. A autora acrescenta ainda que aprender a fazer pesquisa de campo é uma tarefa que não se ensina.[243] Poderíamos aludir, a partir disso, que se a pesquisa de campo é algo que não pode ser ensinado, o local mais adequado para aprender a fazê-la se seria o próprio campo. Ao relembrar a maneira com a qual os trabalhos de campo eram realizados na década de 1960, Velho[244] diz que o aprendizado naquela época era de natureza extremamente artesanal e prática, quase como numa corporação de ofícios. Segundo ele, mal chegara ao Museu Nacional e já fora inserido como aprendiz ao trabalho de campo de Roque Laraia, junto aos índios Suruí do Tocantins paraense, numa viagem que se iniciou juntamente com a família DaMatta, que se dirigia aos índios Apinayé.[245]

Apesar de não ter tido um tutor em campo, ou seja, alguém com um histórico de pesquisa naquele contexto que pudesse mediar minha inserção, posso afirmar que uma parte significativa de minha aprendizagem devo aos próprios Pataxó. A primeira lição aprendida foi como me relacionar com as mulheres da aldeia. Se Pires[246] nos chama atenção para as particularidades de "ser adult(a) e pesquisar crianças", poderia, nesse caso, apontar alguns desafios de "ser adult(o) e pesquisar crianças (indígenas)". Nos mais variados contextos indígenas é recorrente o fato de as crianças, principalmente em

---

[241] DELEUZE, Gilles; Félix GUATTARI. *Mil Platôs*: capitalismo e esquizofrenia. Tradução de Suely Rolnik. São Paulo: Editora 34, 1997. v. 4.

[242] PEIRANO, Mariza Gomes e Souza. A favor da etnografia. *Anuário Antropológico*, [S. l.], v. 17, n. 1, p. 197-223, 2018.

[243] *Ibidem.*

[244] VELHO, Otávio. *Trabalhos de campo, antinomias e estradas de ferro.* Aula inaugural proferida ao Instituto de Filosofia e Ciências Humanas da UERJ. Rio de Janeiro: 15 mar. 2006.

[245] *Ibidem.*

[246] PIRES, 2007.

seus primeiros anos de vida, permanecerem sempre próximas às suas mães[247]. No Guarani, isso não é diferente e a dificuldade por mim enfrentada foi que, para me aproximar das crianças, teria que, de alguma forma, me aproximar das mulheres pataxó. Para isso, algumas regras tácitas precisaram ser percebidas e aprendidas. Acompanhar uma mulher casada com os olhos, fazer visitas à sua casa sem a presença do marido, ou mesmo transitar a sós com ela pela aldeia, são atitudes desaconselháveis a um homem, principalmente um *outsider*. Apesar de essas regras serem mais rigorosas no trato com as mulheres casadas, o mesmo ocorre na relação com as mulheres solteiras.

Mesmo cometendo alguns equívocos, assumi perante os Pataxó uma postura mais reservada, evitando o contato excessivo com as mulheres e procurando me relacionar prioritariamente com os homens. Dessa forma, pude assumir algumas limitações impostas pelo meu gênero, mas também explorar os benefícios dessa condição. Se por um lado não era conveniente estar sistematicamente entre as mulheres na intimidade de seus lares, por outro, pude participar de investidas nas matas, de jogos de futebol dentro e fora da aldeia e participar de conversas e assuntos restritos aos homens.

A aprendizagem dessas regras e das maneiras de agir em campo são atribuídas por Velho[248] como um processo de incorporação (*embodiment)*, e a do desenvolvimento de habilidades (*skills*) que envolvem transformações corporais no próprio processo de transmissão e aprendizagem. Influenciado pela conferência proferida por Ingold em janeiro de 2005 na Universidade de St. Andrews, Velho[249] cita o referido antropólogo britânico para se discorrer sobre o processo de aprendizado em campo:

> A antropologia, talvez mais do que qualquer outra disciplina, diz respeito a aprender a aprender. Não é tanto o estudo 'de' pessoas, e sim um modo de estudar 'com' as pessoas, uma prolongada aula de mestre em que o noviço gradualmente aprende a ver as coisas, e, obviamente, aprende também a ouvi-las e senti-las do modo como o fazem os seus mentores. Uma educação em antropologia, portanto, serve não só para fornecer-nos conhecimento 'sobre' o mundo, os seres humanos e as suas sociedades. Mais do que isso, ela educa

---

[247] Esse fato é ratificado nos trabalhos de Cohn (2000) com as crianças Xikrin do Bacajá; Nunes (1999, 2002) e Lopes da Silva (2002) com as crianças Xavantes; e Silva (2011) com as crianças Xacriabá.

[248] VELHO, 2006.

[249] VELHO, 2006.

> a nossa 'percepção' do mundo, e abre os nossos olhos para outras possibilidades de ser.[250]

Nesse aprendizado contínuo que o campo nos proporciona, optei por assumir posturas diferenciadas em algumas fases da pesquisa. No primeiro momento, busquei uma relação mais discreta no que diz respeito aos registros de campo e à coleta de dados. Segundo Cicourel[251], se você for uma pessoa bem quista entre os nativos seu projeto terá chances de ser bem-sucedido, caso contrário, não há explicação que possa ser dada que irá convencê-los da realização de sua pesquisa. Dessa forma, optei por estar entre os Pataxó me portando um pouco menos como pesquisador incisivo e mais como uma pessoa interessada em tudo aquilo que os dizia respeito. Durante um tempo essa atitude foi benéfica, pois pude perceber que as pessoas passaram a ficar mais à vontade comigo e a minha presença passou a não incomodar tanto. Porém, em um dado momento, percebi que minha discrição começou a gerar dúvidas. As pessoas passaram a me perguntar direta e indiretamente como é que eu fazia a minha pesquisa. Desse momento em diante, optei por uma postura mais contundente e substitui meu discreto bloco de anotações por um caderno vistoso com qual passei a percorrer a aldeia fazendo diversos registros.

> *Estava observando as crianças jogando futebol em frente à casa de Pâkai quando um dos pais dos meninos assentou ao meu lado. Depois de uma breve introdução na conversa, o senhor fitou meu novo caderno de campo e exclamou:*
> *— 'Então é aí que você anota suas coisas!'*
> *Notas de campo, 22 de junho de 2010.*

As entrevistas também funcionaram como uma forma de colher informações e informar aos Pataxó os detalhes da pesquisa. No decorrer das conversas, parecia não estar claro quem eram o entrevistador e o entrevistado, pois na mesma medida que fazia perguntas, outras tantas surgiam para eu responder. Da mesma forma em que pesquisava também era pesquisado.

> *Estávamos terminando de fazer a colheita do feijão quando resolvi tirar umas fotos. Kâybok pediu para que eu tirasse uma foto dele. Em seguida, começou a conversar comigo sobre a minha pesquisa, dizendo que achava muito interessante o que eu estava fazendo*

---

[250] INGOLD, Tim. Jornada ao longo de um caminho de vida. *Religião e Sociedade*, v. 25 n. 1, p. 76-111, 2005.

[251] CICOUREL, Aaron. Teoria e método em pesquisa de campo. Tradução de Alba Zaluar Guimarães. *In*: GUIMARÃES, Alba Zaluar. *Desvendando máscaras sociais*. 2. ed. Rio de Janeiro: Editora Francisco Alves, 1980. p. 87-121.

> *e que ele vinha me observando. Inebriado com alguns goles de*
> *cachaça, afirmou em tom zombeteiro:*
> — '*Eu tô pesquisando você (sic)!*'
> *Rimos bastante.*
> *Notas de campo, 22 de julho de 2010.*

Essa aparente inversão de papéis é refletida por Goldman,[252] ao discorrer sobre a antropologia reversa wagneriana, em que questiona que não devemos buscar simplesmente o fato absolutamente banal de que os nativos podem fazer a antropologia de nós mesmos e devemos perseguir a ideia de que essa inversão — evidentemente imaginada por nós — pode nos tornar capazes de desmontar e remontar os mecanismos essenciais de nossa antropologia por meio do que os nativos dizem de nós. Para um pesquisador aprendiz, essa difícil tarefa de pesquisar sendo pesquisado e de estudar crianças sendo adulto é algo tão desafiador quanto fazer etnografia sem ser antropólogo. Esse devir-antropólogo se traduz na busca por fazer ciência a partir de uma experiência compartilhada ou como diria Goldman[253] é a disposição para viver uma experiência pessoal junto a um grupo humano com o fim de transformar essa experiência pessoal em tema de pesquisa, que emerge a forma do texto etnográfico.

5.3 EXPERIÊNCIA E APRENDIZAGEM EM CAMPO

É valido ressaltar que a produção de dados em uma pesquisa etnográfica se dá por diversas vias: por registros escritos de documentais, relatos orais, observação direta e por meio da experiência que atravessa o próprio pesquisador. Obviamente, esses "canais" de informações não são independentes, mas complementares. Opto, no entanto, por ressaltar nesse momento a importância da produção de dados nesta pesquisa sobre as "aprendizagens humanas", pela via preponderante da experiência, tomando por base alguns atravessamentos sentidos em campo.

As relações estabelecidas nas diversas práticas abordadas pela pesquisa e descritas de forma mais detalhada no Capítulo 3 oscilaram entre um sentimento de familiaridade e estranhamento. Se o futebol me parecia bastante familiar, a caça se mostrou uma prática completamente estranha e quase sempre inédita para mim. Nessa diversidade de experiências, busquei, sempre que possível, uma inserção prática nas tarefas, para que pudesse falar

---

[252] GOLDMAN, 2008.

[253] GOLDMAN, 2006.

sobre elas "de dentro", ou seja, a partir de minhas próprias experiências com aquele conjunto de fazeres.

Na tarefa de descascar um pedaço de cana-de-açúcar utilizando um facão, pude perceber as minúcias de uma tarefa tão banal para os Pataxó, a partir da minha falta de habilidade com aquele instrumento.

> *Tapitá (14) estava na companhia de sua mãe chupando cana na porta de sua casa. Quando me aproximei, o menino me ofereceu um pedaço e aceitei de pronto. No entanto, Tapitá me deu um pedaço, ainda com casca, e o facão para que eu pudesse descascá-lo. Com uma notável falta de jeito tentei descascar a cana de diversas formas, apoiando-a na perna (e quase me machuquei nesse momento), no banco de madeira e no chão. Após uma sessão de risadas, Tapitá se ofereceu para cortá-la pra mim. Agilmente o menino retirou toda a casca da cana com o facão sem nenhum apoio. A cada golpe na cana, o menino torcia o facão, diminuía seu ângulo de inclinação e deslizava o instrumento por toda a extensão do caule desgrudando sua casca; tudo isso em um movimento contínuo, harmonioso e rápido.*
> *Notas de campo, 22 de junho de 2010.*

Minha inabilidade com o facão pôs em destaque a exímia maestria do menino no manejo desse instrumento. Ingold, em sua pesquisa com pastores na Finlândia,[254] enriquece sua análise a partir de suas experiências frustradas na tentativa de laçar os animais. Segundo ele, a atenção do agente é totalmente absorvida na ação. No entanto, as coisas podem dar errado durante a laçada, pois o laço pode perder o seu nó, as cordas podem embolar, os esforços dos pastores que trabalham na emboscada podem ser interrompidos e os animais podem até serem feridos. O pastor frustrado tem sua autoestima abalada, para não mencionar o abuso de seus companheiros. Quando o fluxo é quebrado tudo tem que começar novamente. [255] Não fosse talvez a minha notável falta de habilidade para descascar cana-de-açúcar com facão, esse fato teria passado despercebido. O meu estranhamento perante tal tarefa foi o subsídio necessário

---

[254] Essa pesquisa foi realizada por Ingold no distrito de Salla, no norte da Finlândia, em 1979-1980. Seu objetivo foi avaliar como a agricultura, silvicultura e criação de renas foram combinadas no nível de subsistência local, para investigar as razões para o intenso êxodo rural na região, e comparar os efeitos a longo prazo do reassentamento pós-guerra experimentada pelos Saami Skolt. Sua pesquisa no pastoreio e caça de renas no Círculo Polar Ártico levou a uma preocupação mais geral com as relações homem-animal, bem como com a antropologia comparativa dos caçadores-coletores e as sociedades pastorais.

[255] INGOLD, 2000.

para a observação minuciosa que fiz sobre uma ação tão corriqueira para os Pataxó.

As informações produzidas a partir de uma experiência em campo revelam detalhes que o olhar não conseguiria traduzir com a mesma exatidão. Ao realizar algumas capinas com os Pataxó, pude perceber a real dimensão do desgaste imposto por essa tarefa. Capinando por alguns minutos, sob o sol a pino, o suor parecia interminável e a boca necessitava de água. Antes de a tarefa caminhar para o final, minhas mãos estavam repletas de pequenas bolhas, que se estouravam antes mesmo de se formar por completo. A dor nas costas também sinalizava a desconfortável posição em que me mantinha durante a tarefa. No relato que faço sobre a capina no Capítulo 3, esses incômodos causados em minha experiência com a prática foram fundamentais para sua análise e descrição. Em sua pesquisa[256] com pescadores da Vila do Sucurijú no Amapá, Sautchuk[257] relata a importância de sua experiência pessoal na compreensão das práticas estudadas.

> É o fato de ter acompanhando um arpoador em sua atividade — dirigindo a canoa, experimentando-me na habilidade com o arpão, ouvindo seus comentários sobre minha atuação — que pude apreender o tipo de interações com o peixe, os artefatos e o ambiente que essa posição envolve, além do percurso restrito e prolongado que leva alguém a assumi-la.[258]

Na descrição da capina, pude trazer para o texto, além das observações e registros orais, a minha própria experiência com a prática. Na combinação desses dados, a escrita etnográfica parece tomar uma forma mais intensa e vívida.

Para além dos percalços e deslizes altamente produtivos que vivenciei ao longo do trabalho de campo, vale lembrar que em outras situações o papel do aprendiz inexperiente dava lugar ao veterano experiente. Isso ocorria majoritariamente nos treinos e jogos de futebol. Apesar de existirem algumas particularidades dessa prática no contexto pataxó, minha experiência

---

[256] O estudo de Sautchuk (2007) foi realizado na Vila do Sucuriju, no Amapá. Seu trabalho foi destinado à pesquisa de dois diferentes tipos de pesca, dos *laquistas* e dos *pescadores de fora*. Tomando a relação entre o técnico e o humano numa perspectiva genética, em diálogo com Mauss, Leroi-Gourhan e Latour, e conferindo importância à prática, conforme as antropologias ecológicas de Descola e Ingold, o autor examina em detalhe o fato de que, para além da eficiência produtiva e do domínio de um saber-fazer, o engajamento em atividades técnicas implica configurações particulares da pessoa.

[257] SAUTCHUK, Carlos Emanuel. *O arpão e o anzol*: técnica e pessoa no estuário do Amazonas (Vila Sucuriju, Amapá). 2007. Tese (Doutorado em Antropologia) — Universidade de Brasília, Brasília, 2007.

[258] *Ibidem*, p. 22.

pregressa me legitimava como um praticante veterano. Isso, de certa forma, gerava dificuldades, pois o estranhamento necessário para a descrição de tal prática não ocorria de maneira tão imediata como em outras práticas. Entretanto, a função por mim desempenhada no futebol proporcionou acessos a várias situações interessantes.

> Às 18hs fomos jogar bola em Carmésia contra o time de lá. Começamos o jogo perdendo e comigo *no banco de reservas. Com pouco tempo de jogo, Tapuritú pediu pra sair e acabei entrando no lugar dele. Logo nos primeiros minutos senti certo cansaço, mas fiz um gol, o que levantou minha autoestima. Nosso time tinha um sério problema de marcação e por várias vezes fiz orientações para meus companheiros de time. O jogo ganhou muita dramaticidade no final, mas quando o árbitro apitou o final da partida, senti um imenso alívio, pois o nosso time havia acabado de fazer um gol e virado a partida. Senti que joguei bem e ganhei o respeito como jogador.*
> *Notas de campo, 21 de abril de 2010.*

Minha inserção no time de futebol fez com que eu fosse convidado a jogar com os Pataxó em diferentes locais, dentro e fora da aldeia. Esses jogos quase sempre eram sucedidos de conversas informais, regadas a cerveja e petiscos, às quais dificilmente teria oportunidade de participar se não fosse um praticante legitimado no futebol. Essa situação encontra paralelos com a experiência vivida por Vianna em sua pesquisa sobre o futebol entre os Xavantes[259].

> Os [Xavantes] da aldeia Abelhinha volta e meia retornam à formulação de que futebol é 'coisa de branco'. [...] Há aí, uma dimensão de valorização e disposição ao aprendizado com os 'brancos'. Foi ela um dos pilares do relacionamento dos xavantes comigo, vale dizer, um dos viabilizadores da pesquisa. Ex-jogador, fui recebido como um aliado: informante, professor, companheiro de jogo, técnico, mediador potencial entre eles e o universo futebolístico ampliado. Na aldeia, fui convidado a dar dicas sobre o esporte, mostrei fotografias e falei de meu passado pessoal de futebolista,

---

[259] O livro *Boleiros do Cerrado* apresenta a trajetória de pesquisa de Fernando de Luiz Brito Vianna com os índios Xavantes da Aldeia Abelhinha, localizada na região de Sangradouro no Mato Grosso. Sua pesquisa cruza várias antropologias: a do esporte obviamente, mas também a da dinâmica entre o global e o local e a das relações dos índios com o estrangeiro, no bojo de suas histórias recentes e de seus projetos de futuro. O trabalho apresenta os xavantes cuja vida social tem o futebol como presença cotidiana, foco de divertimento e de disputas e como via de conexão com as cidades brasileiras — pela força de atração, entre outras coisas, da profissão de jogador.

> chegando a atuar, diariamente, como treinador. E fui, em dada ocasião, convocado a jogar pelo time de Abelinha.[260]

Nesse trajeto de pesquisa, me vi entre os Pataxó assumindo diversos papéis, funções e atribuições. Ao pesquisar "aprendizagens cotidianas" na companhia de crianças, jovens e adultos, percebi que quase sempre era convidado a procurar minhas respostas pelo viés da experiência. Essa produção de dados a partir de sua própria experimentação com o "fazer nativo" é enfatizada por Jackson[261], ao afirmar que, usando seu próprio corpo da mesma forma que outrem e no mesmo ambiente, encontra-se informações que podem ser interpretada de acordo com seus próprios costumes ou estrutura, mas que continua a ser fundamentado em um campo de atividade prática que permanece em consonância com a experiência daqueles entre os quais se viveu.[262]

É na fusão das informações experimentadas pelo pesquisador, com aquelas expressas pelos seus informantes, que emerge o texto etnográfico. Nesse caso, o processo de produção de dados sobre as diversas aprendizagens compartilhadas pelas crianças pataxó deveu-se prioritariamente ao engajamento e a agência desses pequenos informantes no cotidiano de sua aldeia.

---

[260] VIANNA, 2008, p. 36.

[261] JACKSON, Michael. *Paths toward a clearing*: radical empiricism and ethnographic inquiry. Bloomington: Indiana University Press, 1989.

[262] *Ibidem*, p. 135.

6

CONSIDERAÇÕES FINAIS

O cotidiano do Guarani revela um conjunto extenso de práticas compartilhadas que envolvem habilidades das quais as crianças pataxó vão paulatinamente incorporando à medida que participam e se engajam nesse ambiente socialmente estruturado. Estruturas essas que não são condições invariantes que precedem e determinam a ação dos sujeitos, mas o resultado de uma variável e contínua agência coletiva.[263] Retomo aqui, à guisa de conclusão, aspectos postos em relevo ao longo do texto a fim de reiterar e refletir sobre algumas facetas das aprendizagens das práticas sociais das crianças pataxó.

A caça, após mudanças históricas e significativas, assumiu para os Pataxó um aspecto ritualístico e o desejo por essa prática é notado em adultos, jovens e crianças. As investidas na mata são frequentemente feitas em grupo e a presença das crianças é restrita apenas em casos muito específicos, como a caça com poleiro, em que os adultos usam armas de fogo e ficam na tocaia do animal durante a madrugada. Posso afirmar que a caça é uma prática majoritariamente masculina, pois a presença das mulheres ocorre em situações esporádicas, restritas à pesca. As crianças demonstram conhecer bem os locais onde os animais costumam circular ou ficar mais vulneráveis. Esse conhecimento da rotina e dos hábitos dos animais é primordial no sucesso da caçada. Na mata, existe uma variedade de agentes (vivos e inanimados) que oferecem uma multiplicidade de informações aos sujeitos que nela se aventuram. Orientar-se nesse ambiente significa estabelecer relações com cheiros, temperaturas, ruídos, marcas, ou seja, um conjunto infindável de elementos. Para caçadores experientes, a mata é um local constituído por histórias de idas e vindas e sua habilidade de perceber-se nesse ambiente é afinada por meio de suas experiências, que possibilitam um ajustamento contínuo de suas ações em resposta ao monitoramento perceptivo do seu entorno.[264] Constituir-se um caçador pataxó envolve complexos conhecimentos que são experimentados e

---

[263] LAVE; WENGER, 1991.
[264] INGOLD, 2005.

compartilhados pelos sujeitos que fazem uso e participam dessa prática, ainda que perifericamente, desde a infância até a vida adulta.

A incorporação dos trabalhos agrícolas entre os Pataxó tem sido feita desde as sucessivas tentativas de aldeamentos no século passado quando seus hábitos de vida foram radicalmente estruturados.[265] No Guarani, é possível observar uma diversidade dessas práticas, desde as mais tradicionais formas de cultivo manual de grãos até algumas técnicas agrícolas modernas que envolvem maquinário apropriado, como a apicultura. A colheita do feijão coincide com o período de férias escolares de julho, o que facilita a presença das crianças nessa tarefa. A presença dos meninos nessa atividade é permeada por uma legitimidade isenta de obrigação. Existe um nítido desejo dos pais que seus filhos participem dessas atividades, ainda que apenas observando. A interrupção das tarefas executadas pelas crianças não é acompanhada de reprimendas por parte dos adultos. O conhecimento expresso pelas crianças pataxó sobre as minúcias do procedimento de coleta dos pés de feijão indicam uma eficácia nesse processo paulatino de engajamento na prática. Na piscicultura, a tarefa de alimentar os peixes é dividida entre os integrantes das famílias que possuem os tanques. Na ausência temporária dos pais, os jovens ou as crianças mais velhas assumem integralmente a alimentação dos peixes que é feita duas vezes ao dia. Na criação de galinhas, a inserção das crianças se dá pela atribuição de posse das aves. Essa é uma forma de conferir legitimidade e inserir as crianças nas tarefas de criação desses animais. De todas as atividades agrícolas desempenhas no Guarani a apicultura é a que mais exige uma infraestrutura. Essa prática foi introduzida entre os Pataxó a partir de uma parceria entre a inciativa privada e o Governo Federal que financiou a compra do material e disponibilizou um curso de formação. Contudo, o conhecimento acerca dessa prática não parece ser aprendido em situações dissociadas da prática. Isso pode ser constatado pelo fato de que boa parte das informações descritas sobre essa prática no Capítulo 3 originou-se de uma longa conversa com Aió (15), um jovem pataxó que nunca havia feito qualquer tipo de curso ou preparação prévia para a prática. O que se pode concluir disso é que os conhecimentos de crianças e adolescentes sobre apicultura, piscicultura, agricultura, entre outras atividades agrícolas, ocorrem por meio de um complexo processo de engajamento, legitimação e atribuições gradualmente assumidas da vida cotidiana.

---

[265] VERONÉZ, 2006.

Inúmeras práticas desempenhadas diariamente pelos Pataxó ocorrem no espaço circunscrito às suas casas. Dentre essas práticas, denominadas aqui de tarefas domésticas, pode-se destacar atividades como cozinhar, cuidar dos irmãos mais novos, buscar água no rio, levar recados, limpar o terreiro, capinar, cuidar da horta, entre outras. Em todas essas, a presença das crianças é fundamental, pois quando não atuam como protagonistas, participam perifericamente na execução das mesmas. A própria construção das casas é um exemplo que envolve a participação de adultos, jovens e crianças. No entanto, a participação em determinadas tarefas pressupõe também a percepção de um estatuto subliminar de acesso. Envolvendo-se em diversas práticas, os iniciantes aprendem a se inserir em distintos modos de participação, reconhecendo os vários papéis desempenhados na execução das atividades.[266] Nesse sentido, as crianças pataxó não só aprendem as práticas propriamente ditas, mas aprendem a se inserir e mover-se em diversas comunidades de prática[267]. Nesse movimento contínuo, as crianças aprendem "os caminhos de acesso" à aprendizagem, que não se encontra em um suposto final, mas ao longo da trajetória. Essa premissa nos ajuda a romper com o entendimento de que se aprende antes para fazer depois. As crianças pataxó não ganham um corpo discreto de conhecimentos abstratos sobre tarefas domésticas, com o qual depois irão transportá-lo e recondicioná-lo em contextos posteriores. Ao contrário, adquirem suas habilidades pelo envolvimento nas práticas sociais em curso.[268]

No artesanato, a presença das crianças não se mostra de maneira tão evidente quanto em outras práticas. Entretanto, como afirma o vice-cacique Karamuru Pataxó, "não tem uma família no Guarani que não faz seu artesanato". Por essa abrangência e relevância econômica, o artesanato é uma prática muito disseminada entre as famílias pataxó e seus conhecimentos iniciam na busca da matéria-prima, passam pela confecção propriamente dita e finalizam na venda do produto ao consumidor final. Uma característica marcante dos artesãos pataxó é o exímio manejo dos instrumentos e objetos na feitura de suas peças. As formas dos artefatos não são dadas de antemão, mas são geradas na/pela prática do movimento de um ou mais agentes habilidosos em um ativo engajamento sensorial com o material.[269] Aprender a manejar os instrumentos e tornar-se um artesão habilidoso entre os Pataxó é um processo

---

[266] LAVE; WENGER, 1991.

[267] *Ibidem.*

[268] *Ibidem.*

[269] INGOLD, 2000.

que se inicia muito cedo. Desde pequenos, os meninos pataxó brincam com facões de madeira, em geral feitos pelos próprios pais. Essas peças servem de brinquedos para as crianças em suas brincadeiras, mas à medida que vão crescendo e se engajando em práticas cotidianas que exijam o uso do facão, as crianças passam a utilizar o instrumento propriamente dito, com lâmina de metal, tamanho e peso apropriados. Além dos conhecimentos relativos à feitura do artesanato, os Pataxó também demonstram grande habilidade na negociação e venda de seus produtos. Conhecer bem o produto que se vende é um importante fator que contribui para o sucesso nas vendas. Para as crianças pataxó, isso não é um problema, pois a confecção do artesanato acontece cotidianamente na intimidade de seus lares e isso lhes oferece a oportunidade de participar e conhecer a fundo os processos que envolvem a feitura de cada peça de artesanato de sua aldeia.

Assim como o trabalho agrícola e a venda de artesanato, o futebol é uma prática que não possui uma íntima relação com o passado mais remoto dos contextos indígenas. No entanto, há décadas essa prática foi incorporada por várias etnias e de diversas formas.[270] No contexto pataxó, o futebol merece destaque, não só pela frequência e abrangência com que é praticado, mas pela importância claramente atribuída a esse por seus praticantes. Isso pode ser observado no uso de diversos espaços — improvisados e também previamente pensados — além da disposição de tempo para essa prática. A presença das meninas pataxó nesse jogo é algo frequente, inclusive na companhia dos meninos. No entanto, essa participação conjunta de homens e mulheres acontece até a adolescência. A presença do futebol na vida das mulheres segue até a vida adulta; além de demonstrarem grande habilidade em campo as mulheres possuem um grande nível de organização e mobilização entre si. No futebol, tanto no universo feminino quanto no masculino, há um imenso desejo de reconhecimento pelos adultos, por parte das crianças. Nessa obsessão das crianças pataxó pelo futebol, o que se põe em revelo é uma gama de processos de aprendizagem que não se pautam pela relação ensino/aprendizagem. A habilidade de improvisação das crianças associada ao incentivo e a legitimação da prática por parte dos adultos compõem um ambiente propício para a aprendizagem do futebol entre os pataxó.

A riqueza lúdica que marca a infância no Guarani revela inúmeras brincadeiras que estão diretamente ligadas às demais práticas presentes na aldeia, como o artesanato, o trabalho agrícola e as atividades domésticas.

---

[270] VIANNA, 2008.

Não é raro observar as crianças brincando de fazendinha, fazendo de conta que estão vendendo artesanato, andando de cavalos feitos de bambu etc. Brincando, as crianças reinventam e se apropriam dessa complexa trama de atividades que compõe a rotina da aldeia. Assim como em outros contextos, brincar de carrinho é uma prática feita frequentemente pelas crianças pataxó. O que mais chama atenção na brincadeira de carrinho é a repetição dessa tarefa. A impressão que se tem é que as crianças estão o tempo todo repetindo sistematicamente a mesma atividade. Brincando repetidas vezes as crianças improvisam e criam formas de agir com seus brinquedos e o cenário onde a brincadeira acontece. Nessa repetição sistemática, brinquedos e brincadeiras atravessam gerações. Nos jogos, brinquedos e brincadeiras as crianças pataxó se envolvem, participam, aprendem e tornam-se grandes conhecedores de uma infindável gama de práticas lúdicas. Para as crianças, o brincar é uma forma singular de produção e apropriação do conhecimento de si e de seu entorno.[271]

O cenário em que se desenvolve essa complexa conjunção de práticas das quais as crianças pataxó participam, tem seus espaços e tempos apropriados de maneira muito singular. A liberdade experimentada pelas crianças no Guarani permite que elas participem e desempenhem importantes papéis na vida social da aldeia. Levar recados, encomendas, marcar encontros e estabelecer a comunicação entre as pessoas da aldeia e, às vezes, até fora dela, são atribuições frequentemente designadas às crianças.

Esse processo de aprendizagem facilitado pelo acesso aos diferentes espaços está ligado à relação de proximidade entre crianças e adultos. Seja nas tarefas domésticas, nos trabalhos agrícolas, na caça ou nas brincadeiras, entre os Pataxó há uma notável abertura por parte dos adultos para participação das crianças. O envolvimento das crianças em seu cotidiano seja nas brincadeiras, no futebol, na caça, nas tarefas domésticas, na produção de artesanato e no trabalho agrícola é estabelecido por uma inserção voluntariosa que passa pelo desejo de fazer parte de um contexto social ampliado. O que se pode concluir disso é que, independe da conceituação que se pode fazer sobre essas práticas — tais como lazer e trabalho — o que se pode observar é que as crianças pataxó estão envolvidas diariamente em um interessante e complexo ambiente que lhes proporcionam inúmeras aprendizagens que independem de um ensino deliberado e que se estabelece por uma agência perceptiva, ou "fazeres-sentidos", em suas práticas cotidianas.

---

[271] DEBORTOLI, 1999.

Poderia tomar como concluídas aqui as intenções do presente trabalho. Entretanto, quem se propõe a fazer etnografia, sabe que o resultado final não se restringe à produção de dados científicos. Ao me debruçar sobre as aprendizagens das crianças pataxó, pude me dar conta das aprendizagens das quais também estava envolvido. Se Peirano[272] afirma que fazer o trabalho de campo é algo que não se ensina, poderia concluir que, assim como as crianças pataxó, não precisei de um professor ou alguém que deliberadamente pretendesse me ensinar o ofício de pesquisador. As aprendizagens decorrentes deste trabalho emanaram das experiências cotidianas oportunizadas a mim, pelo povo Pataxó. Dessa forma, tomo a liberdade de encerrar este texto agradecendo aos meus amigos do Guarani pela valiosa formação acadêmica que proporcionaram e a inesquecível marca que produziram em minha trajetória de vida.

---

[272] PEIRANO, 1992.

REFERÊNCIAS

ALVARES, Myriam Martins. Kitoko Maxakali: a criança indígena e os processos de formação, aprendizagem e escolarização. *Revista Anthropológicas*, ano 8, v. 15, n. 1, 2004.

ALVES, Vânia de Fátima Noronha. *O corpo lúdico Maxakali*: desvelando os segredos de um "programa de índio". 1999. 178 f. Dissertação (Mestrado em Educação) — Faculdade de Educação, Universidade Federal de Minas Gerais, 1999.

ALVES, Vânia de Fátima Noronha; GOMES, Christianne Luce; REZENDE, Ronaldo de. *Lazer, lúdico e educação*. Brasília: SESI/DN, 2005. v. 3.

BATESON, Gregory. *Steps to an ecology of mind*. London: Fontana, 1973.

CAIN, Carol. *Becoming a non-drinking alcoholic*: a case study in identity acquisition. Chapel Hill: Anthropology Department. University of North Carolina. (In preparation).

CAMARGO, Luiz Octávio de Lima. Sociologia do lazer. *In*: ANSARAH, Marília Gomes dos Reis. *Turismo*: como aprender, como ensinar. 3. ed. São Paulo: Editora Senac, 2001. v. 2.

CAMPOS, Túlio. *Pequenos trabalhadores nos sinais e suas experiências no cotidiano da rua*: entre o "espetáculo" do malabares e as brincadeiras, os riscos e as tensões do trabalho explorado. 2010. 144 f. Dissertação (Mestrado em Lazer) — Escola de Educação Física, Fisioterapia e Terapia Ocupacional, Universidade Federal de Minas Gerais. Belo Horizonte, 2010.

CARDOSO, Juliana de Souza. *O resgate da identidade como estratégia de sobrevivência entre os índios pataxó*. 2000. 159 f. Dissertação (Mestrado em Psicossociologia de Comunidades e Ecologia Social) — Universidade Federal do Rio de Janeiro, 2000.

CARDOSO, Juliana de Souza. *Dando com a língua no passado*: o ser e não ser marcado em discursos, imagens, objetos e paisagens. 2008. 194 f. Tese (Doutorado em Letras) — Faculdade de Letras, Universidade Federal de Minas Gerais, Belo Horizonte, 2008.

CARVALHO, Levindo Diniz. *Imagens da infância*: brincadeira, brinquedo e cultura. 2007. 243 f. Dissertação (Mestrado em Educação) — Faculdade de Educação, Universidade Federal de Minas Gerais, Belo Horizonte, 2007.

CARVALHO, Maria Rosário de. O Monte Pascoal, os índios pataxó e a luta pelo reconhecimento étnico. *Caderno CRH*, Salvador, v. 22, n. 57, p. 507-521, 2009.

CASTRO, Maria Soledad Maroca de. *A Reserva Pataxó da Jaqueira*: o passado e o presente das tradições. 2008. 137 f. Dissertação (Mestrado em Antropologia) — Universidade de Brasília, Brasília, 2008.

CESAR, América Lúcia Silva. *Lições de abril*: construção de autoria entre os Pataxó de Coroa Vermelha. 2002. 236 f. Tese (Doutorado em Antropologia) — Universidade Estadual de Campinas, Campinas, 2002.

CICOUREL, Aaron. Teoria e método em pesquisa de campo. Tradução de Alba Zaluar Guimarães. *In*: GUIMARÃES, Alba Zaluar. *Desvendando máscaras sociais*. 2. ed. Rio de Janeiro: Editora Francisco Alves, 1980. p. 87-121.

CODONHO, Camila Guedes. Ensinando e aprendendo entre crianças: exemplos a partir de uma pesquisa de campo entre os índios Galibi-Marworno do Amapá. 33ª ENCONTRO ANUAL DA ANPOCS, Caxambu, 2009. *Anais* [...]. Caxambu, 2009.

COHN, Clarice. *A criança indígena*: a concepção Xikrin de infância e aprendizado. 2000. 185 f. Dissertação (Mestrado em Antropologia) — Universidade de São Paulo, São Paulo, 2000.

CÔRREA, José Gabriel Silveira. A proteção que faltava: o reformatório agrícola indígena Krenak e a administração estatal dos índios. *Arquivos do Museu Nacional*, v. 61, n. 2, p. 129-146, 2003.

DEBORTOLI, José Alfredo. Com olhos de crianças: a ludicidade como dimensão fundamental da construção da linguagem e da formação humana. *Licere*, Belo Horizonte, v. 2, n. 1, p. 105-117, 1999.

DEBORTOLI, José Alfredo Oliveira; MARTINS, Maria de Fátima Almeida; MARTINS, Sérgio; SENRA, Estevão, Benfica; PIMENTA, Jennifer Gonçalves Ayres; BARBOSA, Raquel Souza. As experiências de infância na metrópole. *In*: DEBORTOLI, José Alfredo Oliveira; MARTINS, Maria de Fátima Almeida; MARTINS, Sérgio (org.). *Infâncias na Metrópole*. Belo Horizonte: Editora UFMG, 2008. p. 19-46.

DELEUZE, Gilles; Félix GUATTARI. *Mil Platôs*: capitalismo e esquizofrenia. Tradução de Suely Rolnik. São Paulo: Editora 34, 1997. v. 4.

DUMAZEDIER, Joffre. *Lazer e cultura popular*. 3. ed. São Paulo: Perspectiva, 2004.

APRENDIZAGEM PELOS "FAZERES-SENTIDOS": AS PRÁTICAS COTIDIANAS DAS CRIANÇAS PATAXÓ

EVANS-PRITCHARD, Edward Evan. *Bruxaria, oráculos e magia entre os Azande*. Tradução de Eduardo Viveiros de Castro. Rio de Janeiro: Zahar Editores, 1978.

FARIA, Eliene Lopes. *A aprendizagem da e na prática social*: um estudo etnográfico sobre as práticas de aprendizagem do futebol em um bairro de Belo Horizonte. 2008. 298 f. Tese (Doutorado em Educação) — Faculdade de Educação, Universidade Federal de Minas Gerais, Belo Horizonte, 2008.

FAVRET-SAADA, Jeanne. Être Affecté. *Gradhiva: revue d'histoire et d'archives de l'anthropologie*, n. 8, p. 3-9, 1990.

FERNANDES, Florestan. As trocinhas do Bom Retiro: contribuição ao estudo folclórico e sociológico da cultura e dos grupos infantis. *Revista do Arquivo Nacional*. Notas sobre a Educação na Sociedade Tupinambá. Coletânea de textos, 1951.

GATEWOOD, John B. Actions speak louder than words. *In*: DOUGHERTY, Janet. W. D. (ed.). *Directions in cognitive anthropology*. Urbana, Ill.: University of Illinois Press, 1985.

GELL, Alfred. The Umeda language-poem. *Canberra Anthropology*, v. 2, n. 1, p. 44-62, 1979.

GOLDMAN, Márcio. Os tambores dos mortos e os tambores dos vivos: etnografia, antropologia e política em Ilhéus, Bahia. *Revista de Antropologia*, São Paulo, USP, v. 46, n. 2, 2003.

GOLDMAN, Márcio. Alteridade e experiência: antropologia e teoria etnográfica. *Etnográfica*, v. 10, v. 1, p. 116-173, 2006.

GOLDMAN, Márcio. Os tambores do antropólogo: Antropologia Pós-Social e Etnografia. *Revista PontoUrbe*, São Paulo, ano 3, 2008.

GOMES, Ana Maria Rabelo. Escolarização estranhamento e cultura. XV CONBRACE / II CONICE, Recife, 2007. *Anais* [...]. Recife, 2007.

GOMES, Christianne Luce. Verbete Lazer – Concepções. *In*: GOMES, Christianne Luce (org.). *Dicionário Crítico do Lazer*. Belo Horizonte: Autêntica Editora, 2004. p. 119-126.

GOMES, Christianne Luce. Lazer e descanso. SEMINÁRIO LAZER EM DEBATE, 9, 2008, São Paulo. *Anais* [...]. São Paulo: USP, 2008. p. 1-15.

GONÇALVES, Ana Lúcia. Índios pataxó ocupam fazenda em Açucena. *Jornal Folha de Guanhães* (Sucursal do Jornal Hoje em Dia), Guanhães, 24 julho. 2010. Disponível em: http://www.hojeemdia.com.br/cmlink/hoje-em-dia/minas/indios-pataxo-o-cupam-fazenda-em-acucena-1.149204. Acesso em: 19 out. 2010.

GONÇALVES, Ana Lúcia. Índios Pataxó invadem segundo parque em MG. *Jornal Folha de Guanhães* (Sucursal do Jornal Hoje em Dia), Guanhães, 28 jul. 2010. Disponível em: http://www.hojeemdia.com.br/cmlink/hoje-em-dia/minas/indios-pataxos-invadem-segundo-parque-em-mg-1.151024. Acesso em: 19 out. 2010.

GREGOR, Thomas. *Mehinaku*: the drama of daily life in a Brazilian Indian Village. Chicago: University of Chicago Press, 1977.

HALLAM, Elizabeth; INGOLD, Tim. *Creativity and cultural improvisation.* Oxford: Berg, 2007.

HUTCHINS, Edwin. Learning to navigate. *In*: CHAIKLIN, Seth; LAVE, Jean. (ed.). *Understanding practice.* New York: Cambridge University Press, (In press).

JACKSON, Michael. *Paths toward a clearing*: radical empiricism and ethnographic inquiry. Bloomington: Indiana University Press, 1989.

JOGOS INDÍGENAS DO BRASIL. Produção de Maurício Lima. São Paulo: Origem Jogos e Objetos, 2005. Fita de vídeo (30min), DVD, son., color.

JORDAN, Brigitte. Cosmopolitan obstetrics: some insights from the training of traditional midwives. *Social Science and Medicine*, Oxford, v. 28, n. 9, p. 925-944, 1989.

LARAIA, Roque de Barros. *Cultura*: um conceito antropológico. 23. ed. Rio de Janeiro: Jorge Zahar, 2009.

LATOUR, Bruno. *Reassembling the social*: an introduction to actor-network-theory. Oxford: Oxford University Press, 2005.

LAVE, Jean; WENGER, Etienne. *Situated learning*: legitimate peripheral participation. Cambrige: Cambrige Press, 1991.

LAVE Jean. Teaching as learning in practice. *Mind, Culture, and Activity*, Abingdon, 3(3), p.149-164, 1996.

LAVE, Jean. The politics of learning in everyday life. *In:* ICOS SEMINARS, 10, 1999, Ann Arbor. *Anais [...].* Ann Arbor: University of Michigan, 1999.

LOPES DA SILVA, Aracy (org.). *A questão indígena na sala de aula.* São Paulo: Brasiliense, 1987.

LOPES DA SILVA, Aracy; GRUPIONI, Luis (org.). *A temática indígena na escola*. Brasília: MEC, MARI, UNESCO, 1995.

LOPES DA SILVA, Aracy; NUNES, Ângela; MACEDO, Ana Vera Lopes da Silva (org.) *Crianças indígenas*: ensaios antropológicos. São Paulo: Global, 2002.

INGOLD, Tim. *The perception of the environment*: essays in livelihood, dwelling and skill. London: Routledge, 2000.

INGOLD, Tim. Beyond Art and Technology: The Anthropology of Skill. *In*: SCHIFFER, Michael Brian. *Anthropological Perspectives on Technology*. New Mexico: UNM Press, 2001.

INGOLD, Tim. Jornada ao longo de um caminho de vida. *Religião e Sociedade*, Rio de Janeiro, v. 25, n. 1, p. 76-111, 2005.

INGOLD, Tim. The 4A's (Anthropology, Archaeology, Art and Architecture): reflections on a teaching and learning experience. *Ways of Knowing Conference*, University of St Andrews, Scotlan, 15 jan. 2015.

INGOLD, Tim. Pare, olhe e escute. Tradução de Ligia Maria Venturini *et al. Ponto Urbe*, ano 2, versão 3.0, 2008.

INGOLD, Tim. Da transmissão de representações à educação da atenção. Tradução de José Fonseca. *Educação*, Porto Alegre, v. 33, n. 1, p. 6-25, 2010.

MACKENZIE, Maureen Anne. *Androgynous objects*: string bags and gender in central New Guinea. Abingdon: Taylor & Francis, 1991.

MARCELINO, Nelson. *Lazer e Educação*. 2. ed. São Paulo: Papirus, 1990.

MARSHALL, Hannah Meara. Structural constraints on learning. *In*: GEER, B. (ed.). *Learning to work*. Beverly Hills: Sage Publications, 1972.

MELATTI, Júlio Cezar; MELATTI, Delvair Montagner. A criança Marubo: educação e cuidados. *Revista Brasileira de Estudos Pedagógicos*, Brasília, v. 62, n. 143, 1979.

MELATTI, Júlio. Índios do Brasil. Brasília: Ed. Hucitec. Ed. UnB, 1987.

MIRANDA, Sarah Siqueira de. *A construção da identidade Pataxó*: práticas e significados da experiência cotidiana entre crianças da Coroa Vermelha. 2006. 111 f. Monografia (Ciências Sociais) — Faculdade de Filosofia e Ciências Humanas, Universidade Federal da Bahia, Salvador, 2006.

MIRANDA, Sarah Siqueira de. *Aprendendo a ser Pataxó*: um olhar etnográfico sobre as habilidades produtivas das Crianças de Coroa Vermelha, Bahia. Dissertação (Mestrado em Antropologia) — Universidade Federal da Bahia, 2009.

NIMUENDAJU, Curt. *Os apinayé*. Belém-Pará: CNPq, Museu Paraense Emilio Goeldi, 1983.

NOVAES, Sylvia Caiuby (org.). *Habitações indígenas*. São Paulo: Livraria Nobel/ Edusp, 1983.

NUNES, Ângela. *A sociedade das crianças A'wue-Xavante*: por uma antropologia da criança. Lisboa: Ministério da Educação/Instituto de Inovação Educacional, 1999.

NUNES, Ângela. No tempo e no espaço: brincadeiras das crianças A'uwe-Xavantes. *In*: LOPES DA SILVA, Aracy; NUNES, Ângela; MACEDO, Ana Vera Lopes da Silva (org.). *Crianças indígenas*: ensaios antropológicos. São Paulo: Global, 2002.

PARAÍSO, Maria Hilda Baqueiro. *Caminhos de ir e vir e caminho sem volta*: índios, estradas e rios no sul da Bahia. 1982. 329 f. Dissertação (Mestrado em Ciências Sociais) — Universidade Federal da Bahia, Salvador, 1982.

PEIRANO, Mariza Gomes e Souza. A favor da etnografia. *Anuário Antropológico, [S. l.],* v. 17, n. 1, p. 197-223, 2018.

PIRES, Flávia. Ser adulta e pesquisar crianças: explorando possibilidades metodológicas na pesquisa antropológica. *Revista de Antropologia*, São Paulo, USP, v. 50, n. 1, 2007.

RAMOS, Alcida. *Memórias Sanumá*: espaço e tempo em uma aldeia Ianomani. Brasília: UnB, 1990.

REQUIXA, Renato. Conceito de lazer. *Revista Brasileira de Educação Física e Desporto*, n. 42, p. 11-21, 1979.

SAMPAIO, José Augusto Laranjeiras. Breve história da presença indígena no extremo sul baiano e a questão do território pataxó do Monte Pascoal. Brasília: *XXII Reunião Brasileira de Antropologia*. Fórum de Pesquisa 3: Conflitos socioambientais e unidades de conservação, 2000.

SAUTCHUK, Carlos Emanuel. *O arpão e o anzol*: técnica e pessoa no estuário do Amazonas (Vila Sucuriju, Amapá). 2007. Tese (Doutorado em Antropologia) — Universidade de Brasília, Brasília, 2007.

SCHADEN, Egon. Educação e Magia nas cerimônias de iniciação. *Revista Brasileira de Estudos Pedagógicos*, Brasília, v. 3, n. 8, 1945.

SEEGER, Anthony. The meaning of body ornaments: a Suya example. *Ethnology*, n. 14, p. 211-224, 1975.

SILVA, Rogério Correia da. *Circulando com os meninos*: infância, participação e aprendizagens de meninos indígenas Xakriabá. 2011. 231f. Tese (Doutorado em Educação) — Faculdade de Educação, Universidade Federal de Minas Gerais, Belo Horizonte, 2011.

SOUZA, Ana Cláudia Gomes de. *Escola e reafirmação étnica o caso dos pataxó de barra velha, Bahia*. 2001. 111 f. Dissertação (Mestrado em Antropologia) — Faculdade de Filosofia e Ciências Humanas, Universidade Federal da Bahia, Salvador, 2001.

SPAGGIARI, Enrico. Meu professor é a bola: a dinâmica multifacetada do aprendizado futebolístico. *Revista Ponto Urbe*, v. 3, n. 5, 2009.

SPERBER, Dan. *Explaining culture*: a naturalistic approach. Oxford: Blackwell, 1996.

STOLLER, Paul. *The taste of ethnographic things*: the senses in anthropology. Philadelphia: University of Pennsylvania Press, 1989.

TASSINARI, Antonella. Concepções de infância indígena no Brasil. *Tellus*, ano 7, n. 13, p. 11-25, out. 2007.

TOREN, Christina. The Child in Mind. *In*: WHITEHOUSE, H. *The Debated Mind*. Oxford: Berg, 1999.

TOREN, Christina. Como sabemos o que é verdade? O caso do mana em Fiji. *Mana*, v. 12, n. 2, p. 449-477, 2006.

URBAN, Greg. A história da cultura brasileira segundo as línguas nativas. *In*: CARNEIRO DA CUNHA, Manuela. *História dos Índios no Brasil*. São Paulo: Companhia das Letras, 1992. p. 87-102.

VELHO, Otávio. *Trabalhos de campo, antinomias e estradas de ferro*. Aula inaugural proferida ao Instituto de Filosofia e Ciências Humanas da UERJ. Rio de Janeiro: 15 de mar. 2006.

VERONEZ, Helânia Thomazine Porto. *As escolas indígenas das aldeias de Cumuruxatiba (BA) e a reconstrução da identidade cultural Pataxó*. 2006. 167 f. Dissertação (Mestrado Interdisciplinar Educação, Administração e Comunicação) — Universidade São Marcos, São Paulo, 2006.

VERONEZ, Helânia Thomazine Porto. Escolaridade e identidade cultural: a construção da educação indígena no extremo sul da Bahia. *Práxis Educacional*, Vitória da Conquista, v. 4, n. 5, p. 27-43, 2008.

VIANNA, Fernando de Luiz Brito. *Boleiros do Cerrado*: índios xavantes e o futebol. São Paulo: Annablume/FAPESP/ISA, 2008.

VIDAL, Lux. *Morte e vida de uma sociedade indígena brasileira*. São Paulo: Hucitec, Edusp, 1977.

VIVEIROS DE CASTRO, Eduardo. *Araweté*: os deuses canibais. Rio de Janeiro: Jorge Zahar Editora e Anpocs, 1986.

WAGLEY, Charles. *Lágrimas de boa-vindas*. São Paulo: Edusp, 1988. (Coleção Reconquista do Brasil, 2. série, v. 137)

WAGNER, Roy. *The invention of culture*. Chicago: The University of Chicago Press, 1981.

WIED-NEUWIED, Maximiliano. *Viagem ao Brasil*. São Paulo: Editora da Universidade de São Paulo, 1989. (Coleção Reconquista do Brasil, 2. série, v. 156)